Türkei mit dem Motorrad

Bis zum Ararat

Marbie Stoner

Marbie Stoner

Türkei mit dem Motorrad
Bis zum Ararat

Westküste, Pamukkale, Kappadokien,
Nemrut Daği, Kaçkar-Gebirge,
Schwarzmeerküste

© 2022, Marbie Stoner
Herstellung und Verlag:
BoD – Books on Demand, Norderstedt
ISBN: 9783756226184

Inhaltsverzeichnis

Impressum

Marbie Stoner

Rathausstraße 8

63594 Hasselroth

marbiestoner58@gmail.com

© 2022 Alle Rechte vorbehalten.

BoD, Books on Demand GmbH, In de Tarpen 42

22848 Norderstedt

ISBN: 978-3-756 226-18-4

Fotos: George Schmittlein & Marbie Stoner

Tracks: George Schmittlein mit Calimoto und kurviger.de

Cover: GELBE GARAGE Werbeagentur OHG, Osnabrück

Lektorat: Renate Blaes, www.renateblaes.de

Korrektorat: Karin Zimmermann

Bibliografische Informationen der Deutschen Nationalbibliothek:

Die Deutsche Nationalbibliothek verzeichnet diese Publikation in der Deutschen Nationalbibliografie, detaillierte bibliografische Daten sind im Internet über dnb.de abrufbar.

Buchbeschreibung:

Die Türkei ist ein faszinierendes Reiseland, vor allem, je weiter man sich in den Osten Anatoliens begibt. Sich auf Freiheit und Abenteuer zu freuen, die dieses große Land mit seiner vielfältigen Landschaft verspricht – und das bei einer unglaublich herzlichen Gastfreundschaft! Die Türkei gegen die Uhrzeigerrichtung über die Dardanellen mehrere Wochen mit den eigenen Motorrädern zu bereisen, war schon lange unser erklärtes Ziel. Corona verhinderte das aufgrund geschlossener Grenzen zwei Jahre lang.

Die Route führte uns über Ephesus, Pamukkale, Kappadokien, Nemrut Daği bis zum Ararat, Kaçkar-Gebirge und über die Schwarzmeerküste und Edirne zurück. Es waren die Begegnungen mit den Menschen, die diese Reise so spannend und lebendig machten. Oder haben Sie schon mal mit der Polizei gemeinsam Tee getrunken?

Über die Autorin:

Marbie Stoner ist Jahrgang 1958, verheiratet, Mutter von zwei Töchtern und fährt seit 30 Jahren Motorrad, wohnt in Hessen in Spessartnähe. Seit April 2022 ist sie im Ruhestand, der Reisen endlich ohne Zeitdruck planen lässt.

Vor dem Ruhestand arbeitete sie als leitende Angestellte im Gesundheitswesen.

Zahlreiche Motorradreiseberichte hat sie seit 2014 veröffentlicht. Die Höhepunkte waren Kirgistan und Colorado/USA. Sie ist Mitglied im bundesweiten Frauenmotorradclub Women on Wheels e. V.

https://www.wow-germany.de

Die Wintermonate verbringt sie vor der Staffelei.

Für George.
Zwei Leben, ein Weg.

Allgemeine Informationen zur Strecke, Motorrädern, Preisen und Reifen

George: Husqvarna Norden 901
Reifen: Mitas E07 plus
Kilometerstand bei Abfahrt: 1.256, bei Ankunft 11.886, gefahren: 10.630 Kilometer
Gepäck: Seitenkoffer, kleine Tanktasche und Packrolle.
Navigation: Handy mit Calimoto App

Marbie: Triumph Tiger 800 XRT
Reifen: Mitas Terraforce-R
Kilometerstand bei Abfahrt: 15.665, bei Ankunft 25.210, gefahren: 9.545 Kilometer
Gepäck: Seitenalukoffer, kleiner Tankrucksack und Packrolle.
Navigation: TomTom Rider 500
Die Mitas-Reifen wählten wir wegen der Haltbarkeit von garantierten 10.000 Kilometern (nach eigener Recherche im Internet), um keinen lästigen Reifenwechsel während der Tour machen zu müssen. Mit dem Gepäck haben wir uns sehr eingeschränkt. Die Ausstattung mit Tempomaten

erwies sich auf den langen Schnellstraßen als Segen für unsere Handgelenke.

Das Straßennetz ist auf den Hauptstraßen sehr komfortabel. In kleineren Ortschaften geht es nur eng und holprig vorwärts.

Karten: Freytag & Berndt, Türkei, 1:800.000, nach 5 Wochen sehr zerfleddert.

Reise-Know-how: Türkei, 1:1.100.000. Reiß- und wasserfest, aber nicht so detailreich wie Freytag & Berndt. Mit Karten solltet ihr euch vor der Reise eindecken. Wir konnten in der Türkei keine Läden finden, die Landkarten anbieten. Ansichtskarten gibt es nur in den touristischen Gegenden.

Höchstgeschwindigkeit für Motorräder auf den Schnellstraßen: 100 km/h

Strafzettel sind teuer! Für 4 km/h Überschreitung bezahlten wir 24 Euro. Bei schnellem Bezahlen gibt es 3 Euro Rabatt. Cash-Zahlung an Ort und Stelle nicht möglich.

Benzinpreise in der Türkei: 1,30 Euro im Mai 2022, ab Juni 2022 1,80 Euro

Dichtes Tankstellennetz, überwiegend mit Bedienung, in der Regel kein Selfservice. Barzahlung beim Tankwart, Kartenzahlung an der Kasse auch möglich. Kostenloser Chai.

Übernachtungskosten: im Doppelzimmer von preiswerten 30 Euro bis 60 Euro in gehobener Klasse. Wir haben auch für 18 Euro noch erträglich übernachtet.

Kosten gesamte Reise pro Person: 3.580 Euro.

Kettenspray: schwer erhältlich. Die Moped-Ketten werden vermutlich mit Motoröl geschmiert, es empfiehlt sich, pro Maschine eine Dose mitzunehmen.

Toiletten: Klopapier ist keine Selbstverständlichkeit. Gen Osten sind Hockklosetts üblich, außer in Hotels. Mit Motorradstiefeln ist man standsicher. Die Türken legen großen Wert auf Sauberkeit! Es empfiehlt sich, Toilettenpapier in der Motorradhose zu bevorraten.

Die Kanalisation verträgt übrigens zumeist kein Klopapier. Es wird gesondert in bereitstehenden Eimern entsorgt.

Das Spülen übernimmt man selbst mittels bereitgestellter Kanne oder Wasserschlauch.

Transfer über die Dardanellen ist in Gelibolu seit März 2022 über eine 300 Meter lange Brücke per Autobahn möglich, die unseren Navis noch unbekannt sind. Eine Fährüberfahrt ist nicht mehr nötig. Den Verkehr in Istanbul wollten wir uns ersparen. Wer den besonderen Kick braucht, kann es ja versuchen.

Temperaturen im Mai in den höheren Lagen überwiegend angenehme 25 Grad. Kann sich schnell in 35 Grad in den Tälern im Juni ändern.

Alkohol: Bier oder Wein zum Abendessen ist im Osten des Landes eine Seltenheit. Es gibt spezielle Läden für Alkohol, die in konservativen Regionen (und das ist durchgehend in Ostanatolien der Fall) eher am Stadtrand zu suchen sind. Erkennbar an den leeren Tuborg-Kästen vor dem Eingang oder an der gelben Aufschrift: *Tekel Büfe.* Der türkische Wein ist ebenfalls sehr gut.

Reiseapotheke: Mittel gegen Durchfall wie *Imodium akut* (Loperamid) und Insektenstiche unbedingt empfehlenswert. Raki unverdünnt hilft gegen Bauchkrämpfe.

In der Türkei sind Lokalanästhetika nicht rezeptpflichtig. Diese sind wirkungsvoller als deutsche Antihistaminika wie zum Beispiel *Fenistil*. Der Juckreiz wird mit *Stilex Jel®* (Lidocain) sofort gestillt. In Apotheken vorrätig.

Tabakerhitzer (zum Beispiel IQOS), Heets und E-Zigaretten sind in der Türkei verboten. Diesbezügliche Internetseiten sind gesperrt. Der Konsum ist gestattet. Also bevorraten.

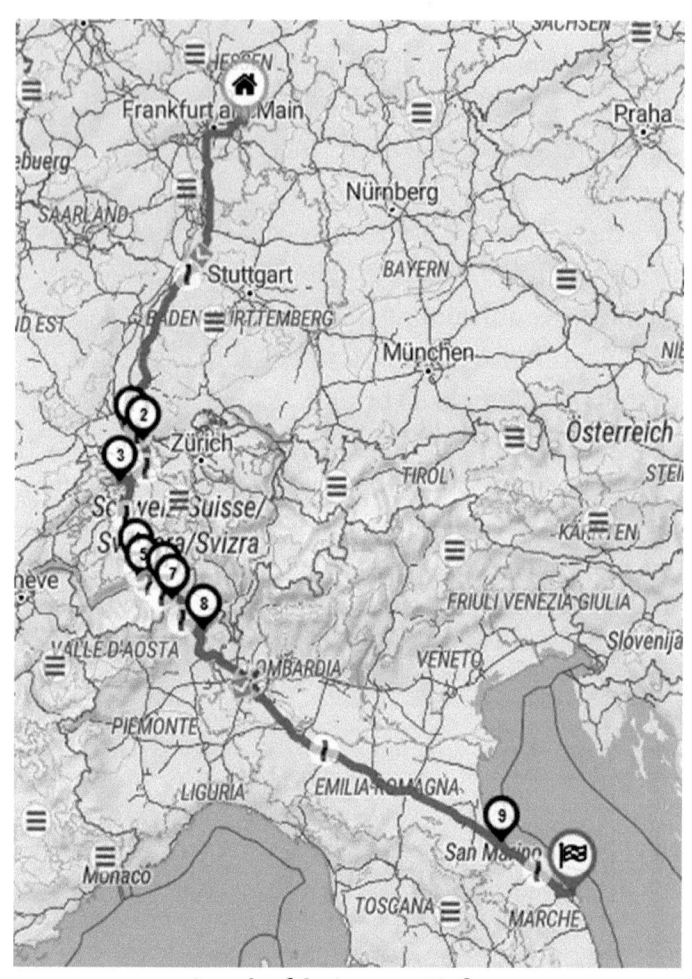

Anreise bis Ancona Hafen.

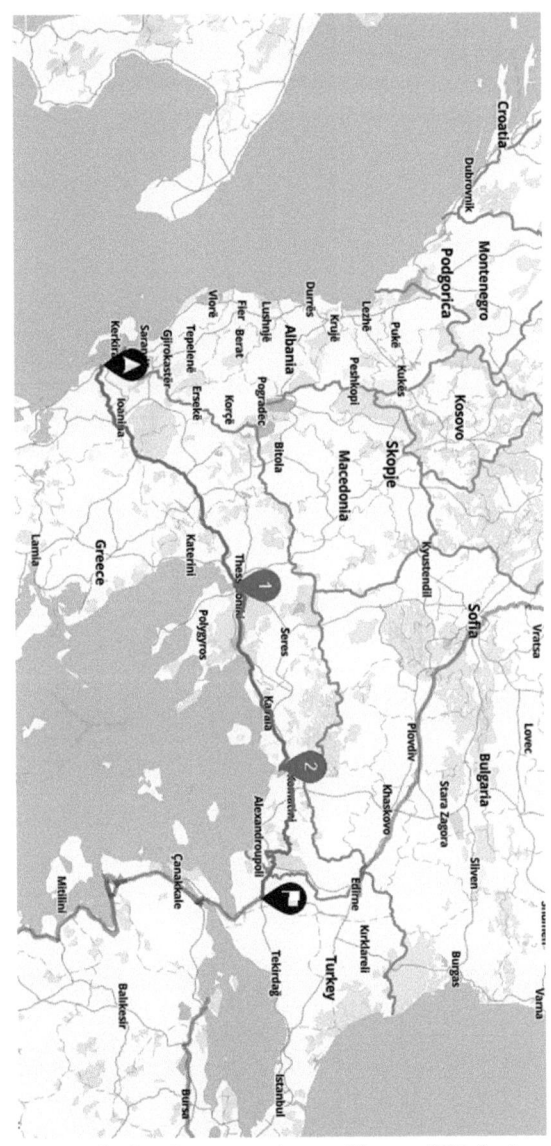

Autobahn Igoumenitsa – Kesan/Türkei

Tourübersicht gesamt Türkei:

Grenzübergang Ipsala/Türkei –

Keşan– Selçuk– Pamukkale – Beysehir -

Uçhisar/Kappadokien – Elbistan–

Karadut/Nemrut Dağı – Tatvan/Vansee

– Doğubeyazıt /Ararat – Ardahan – Ispir

– Tirebolu/Schwarzmeerküste –

Samsun – Kastamonu – Safranbolu –

Gölcüc – Iznik am See –

Erdek/Marmarameer– Edirne.

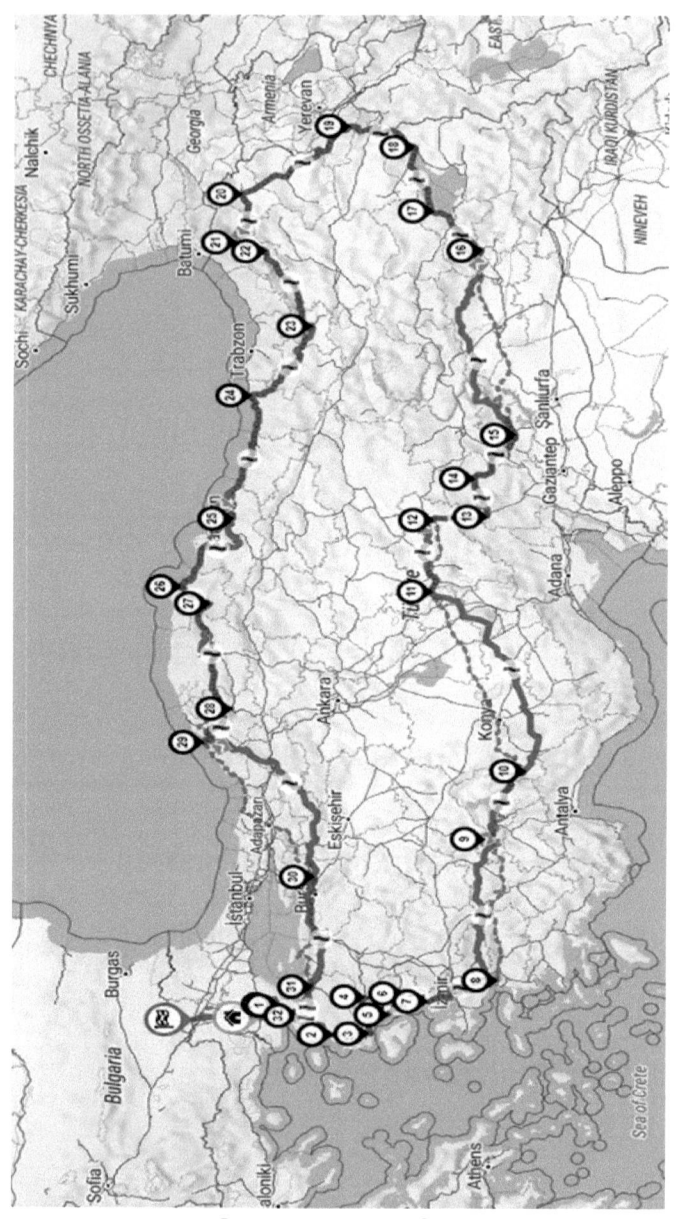

Gesamtroute Türkei

Jetzt gehts los!

Als ich mit dem Schreiben beginne, sind wir seit acht Tagen unterwegs und haben 2.000 Kilometer zurückgelegt. Entsprechend war ich abends zu erschöpft, um vernünftige Texte zu schreiben.

Aller Anfang ist bekanntlich schwer. Es ist unser Honeymoon, am 06.05.2022 haben George und ich geheiratet.

Die Anreise am Samstag, 07.05.2022, führte zunächst über Solothurn (Schweiz) mit einem Abstecher zu unseren Freunden.

Am Montag, 09.05.2022, ging es über Landstraßen nach Italien. Wir wählten die Verbindung über Kandersteg/Schweiz, mit der Zugverladung nach Goppenstein und dann über den Simplonpass zur Grenze. Leider kam es bei mir zu einem schmerzhaften Missgeschick: Beim Verlassen des Zuges im Schweizer Wallis blieb ich mit dem linken Koffer in der Tür hängen, ich stand in der falschen Startposition, schräg statt gerade.

Und die Koffer hatte ich in ihrer Breite noch nicht verinnerlicht. Meine Maschine krachte in den rechten Türrahmen, blieb hängen und die Sitzbank quetschte mein rechtes Bein ein. Ein brennender, brüllender Schmerz ließ mich aufschreien.

RETTET MICH!

George und der Lokführer hoben die *Triumph* an, sodass mein Bein wieder freikam.

Welche Erleichterung! Der Schmerz, gepaart mit einer seltsamen Gefühllosigkeit, bleibt, und ich humpele George hinterher auf den Parkplatz. Das Adrenalin lässt alle meine Glieder zittern. An der Maschine ist kein Schaden zu erkennen – klar, mein Bein hat alles abgehalten.

So ein Mist! Ich ärgere mich so blau und rotviolett, wie mein Oberschenkel vermutlich schon aussieht. An der Bahnstation ist ein WC. Ich nehme meine Arnikasalbe aus dem Medikamentensack und begebe mich dorthin, ziehe die Hose runter, was schweinemäßig wehtut, und begutachte den Schaden. Oha. Die Salbe ist seit 2019 abgelaufen und riecht leicht ranzig, aber egal.

Nach einer halben Stunde fühle ich mich einigermaßen in der Lage, weiterzufahren. Das Adrenalin hat sich verflüchtigt, nur der Ärger nicht. Jeder Sturz ist eine Schande! Kein guter Start, außer meinem Bein ist mein Stolz schwer verletzt.

Eine Zwischenübernachtung am Lago Maggiore. Ich möchte schnell aus den Stiefeln und die Motorradhose ausziehen.

Die Stellen am Knie und Oberschenkel-Innenseite schimmern tiefrot bis dunkellila, dafür bekommen sie eine eiskalte Dusche. Danach geht es unspektakulär auf Autobahnen in Italien mit dem Ziel des Fährhafens in Ancona.

Nachtfahrt auf der Fähre nach Igoumenitsa in Griechenland. Kostet 254 Euro pro Person inkl. Motorrad, in Innenkabine ohne Frühstück, das gibt es für lächerliche 30 Euro. Um 09:30 Uhr kommen wir am Mittwoch, 11.05.2022, im Hafen an.

Der Stress auf Fähren bedeutet nicht das Drauffahren, nein, Stress sind das Suchen des Schalters und dann das Warten vor dem Schiffsbauch auf Asphalt mit Sonneneinstrahlung und ohne mögliche Schattenflucht in Schutzkleidung. Dabei waren wir schon mal hier, als wir 2015 nach Durrës in Albanien eincheckten. Schweißtreibend.

Noch schlimmer ist das Warten beim Anlegen am Zielhafen. Die Lkw–Fahrer (Respekt vor deren Fahrkönnen – rückwärts in den Bauch des Schiffes!) nehmen keine Rücksicht auf die Luftverpestung durch Diesel, und lassen schon 20 Minuten vor der Rausfahrt die Motoren an.

Ein infernalischer Dieselgestank, bei dem einem die Augen tränen.

Das Verlassen des Hafenbereiches in Igoumenitsa ist ein Klacks. Wir fahren sofort auf die Autobahn Richtung Thessaloniki.

Bis zur griechisch/türkischen Grenze in Ipsala liegen 730 Kilometer. Die griechischen Autobahnen sind zwar spottbillig und kaum befahren, haben aber keine eigenen Tankstellen. Wenn man Glück hat, ist eine ausgeschildert. Und manchmal hat man eben Pech.

Wir fahren ab, weil meine Reservelampe schon seit einiger Zeit brennt. Wir finden in einem kleinen Ort eine Tankstelle, aber der Besitzer macht Mittagspause bis 17:00 Uhr. Das sind nur noch 30 Minuten. Seufz! Hier bemerken wir erst, dass die griechische Sommerzeit eine Stunde mehr hat als bei uns. Ein älterer Herr auf einem angejahrten Roller kommt angefahren und spricht uns in perfektem Deutsch an. Er ist 80 Jahre, sein Sohn ist Gitarrist bei Andrea Berg und die Türken hält er für seltsam. Wir sollen sehr gut auf uns aufpassen.

Nachdem das Tanken endlich um 17:20 Uhr gelingt, bleiben wir auf der Landstraße und suchen eine Unterkunft, stranden in einer Sackgasse mit Bademöglichkeit im Fluss und fragen einen Autofahrer, wo es ein Hotel gibt.

Schließlich finden wir das Haus »Ocean View«, solide gepflegte Anlage am Meer zum kleinen Preis von 120 Euro. Nun ja, manchmal würde ich auch für eine lange Unterhose 500 Teuro zahlen, wenn ich vor Kälte zittere.

Am Abend zuvor informiere ich mich vorsichtshalber auf der Website des Auswärtigen Amtes über Änderungen der Einreiseformalitäten. Alles klingt beunruhigend.

Deutsche sollen häufig an der Grenze abgewiesen werden. Es wird überprüft, ob mit der PKK auf Demonstrationen sympathisiert wird.

Nun ja, wir wissen, dass die Türkei mit den Kurden keine Freundschaft pflegt.

Die Grenzformalitäten dauern tatsächlich zwar eine Stunde, aber die Beamten sind durchgehend freundlich und erfreulich effizient organisiert.

Ich lese Informationen in Deutsch auf hastig angeklebtem Papier an den Grenzhäuschen.

»Herzlich willkommen und bleiben Sie gesund!«

Na, das klingt doch offen und freundlich. Sie freuen sich über Touristen, die wegen Corona seit 2020 ausblieben. Und seit fast zwei Jahren versuchen wir, in die Türkei zu fahren.

Die Inzidenz in der Türkei liegt bei der Einreise bei 13,7! Wahrscheinlich wird nicht getestet. In unserem Heimatort sind es immerhin 503,7. Soweit man den Zahlen traut.

Maskenpflicht gilt nur in öffentlichen Gebäuden. Es herrscht Rauchverbot in der Öffentlichkeit, woran sich niemand hält.

Wir fahren nach Keşan, ein etwas heruntergekommener Ort, der verzichtbar ist, außer man strandet als übermüdeter Reisender auf der Suche nach einer Unterkunft dort. Die Hotelsuche gestaltet sich schwierig.

Mein TomTom hat zwar Hotels im Angebot, aber beim Ziel ist dann keins. Und Internet haben wir nicht. Die Türkei gehört zur Roamingzone 2, die Gebühren sind horrend. Wir haben uns nicht um eine türkische prepaid SIM-Karte gekümmert. Aber sehr zu empfehlen, kostet 19 Euro.

Wir finden im Zentrum ein heruntergekommenes Gebäude, welches sich »Yildiz Otel« nennt. Die Türken sparen sich oft das »H«.

Ein Blick reicht, nein, das geht gar nicht. Bei der Fassade scheinen die Fenster nicht mehr lange zu halten.

George fährt vor und hat einfach einen Blick für Gesuchtes. Wir landen bei einer Tankstelle mit Market, Restaurant und Hotelbetrieb. Besser geht es nicht.

Das Zimmer ist einfach, hat aber einen Kühlschrank, um das warme Trinkwasser wieder genießbar zu machen.

Mein rechtes Bein ist nicht nur blau, sondern auch dick. Die Wade sieht wie eine Presswurst aus. Ich komme kaum aus dem Stiefel und gönne dem malträtierten Bein eiskaltes Wasser, Hochlegen, eine Schmerztablette und ranzige Arnikasalbe.

George begibt sich auf die Suche nach einem Geldautomaten und findet ihn um die Ecke bei einem großen Einkaufscenter. Mehr als 2.000 Türkische Lira können wir aber nicht abheben, das sind etwa 125 Euro.

In dem Markt gibt es sogar Franziskaner Weizenbier. Abends genieße ich meine erste Lahmacun, frisch und knusprig mit sonnengereiften Tomaten. George nimmt eine Lammpfanne und ist total begeistert.

Das Efes-Pils ist nicht zu verachten. Auf Englisch können wir uns einigermaßen verständigen.

Am nächsten Morgen werden beim Tanken die Kennzeichen kontrolliert?! *Okay?*
Und die erste Fahrzeugkontrolle blüht uns auch. Alles sehr freundlich. Nummernschilder ins Tablet übertragen, Führerschein überprüft, nach Nationalität und dem wohin gefragt und schon dürfen wir weiterfahren. Puh. Und ich hatte Sorge, dass wir geblitzt wurden. Mein TomTom zeigt mir ständig an, dass ich zu schnell bin.

George fragt nach der Brücke über die Dardanellen. Wir müssen für das Überqueren kurz auf die Autobahn fahren. Die 3 Euro lohnen sich, Zeit für die Fähre gespart und schnell ist man in Asien.

Nun haben wir Europa endgültig verlassen.

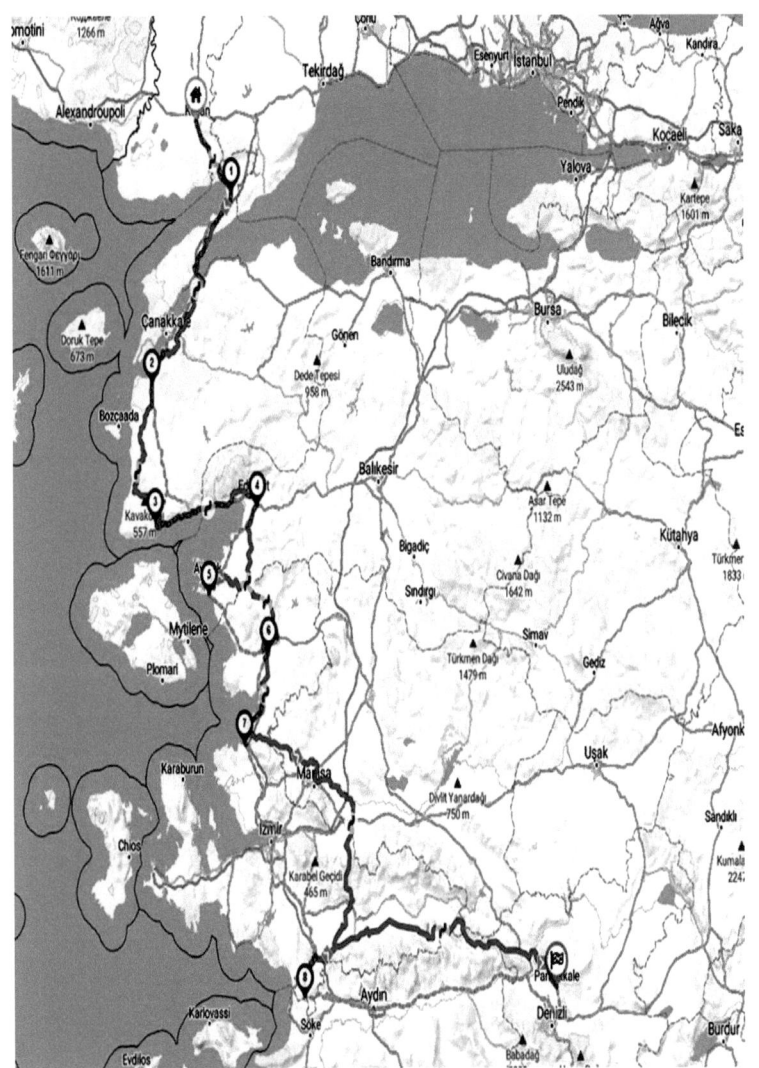

Von Kesan über Gelibolu nach Pamukkale

29

Vom Lkw überrollt

In Lapseki nach der Brückenüberquerung werden wir Zeugen eines schrecklichen Unfalls.

Durch die Stadt geht es vierspurig an einem langen Markt vorbei. Der Verkehr ist dicht, zusätzlich wuseln noch die vielen Marktbesucher über die Straße. Wir haben uns verfranzt, das Navi besteht auf Umdrehen, aber wir finden wegen des Wochenmarktes am rechten Straßenrand keine Möglichkeit zum Wenden.

Ein 40-Tonner-Lkw steht circa sechs Meter links vor uns. Ich höre das Geschrei einer kleinen Gruppe mit Kind und Hund auf dem Fußgängerüberweg. Denke mir nichts dabei, weil Südländer gerne schreien und das eine ganz normale Unterhaltung sein kann.

Der Lkw bewegt sich ein paar Meter vorwärts und zum Vorschein kommt ein rechter, blutiger Arm, der sich in die Höhe streckt und bei dem weiteren Vorfahren sehe ich einen menschlichen Körper, der auf der rechten Seite liegt.

HELFT MIR!

Schreit der Arm.

Es ist eine Frau, sie hat blutige Finger, die nur noch halb vorhanden scheinen.

Ein Fleischklumpen liegt auf der Straße, und etwas Rotes neben ihr erinnert an Gedärm. (!?)

George schaut entsetzt zu mir herüber. Ich stelle die Maschine ab und hoffe, dass das Unfallopfer noch lebt, dass das Rote keine Eingeweide sind. Die arme Frau wurde überrollt, ist aber nicht unter die Räder geraten.

Es sammeln sich viele Menschen um die Unglückliche. Und beim Näherkommen sehe ich, dass das Rote kein Gedärm, sondern eine Plastiktüte mit Lebensmitteln ist. Wahrscheinlich war sie zum Einkaufen auf dem Markt und hat die Straße überquert. Auch die Finger sind vollständig, aber eine riesige Wunde an der linken Hand mit seitlicher Ablederung der Haut blutet. Am Kopf hat sie eine Platzwunde, die ebenfalls viel Blut verliert. Sie schreit. Gott sei Dank. Wer schreit, lebt noch und ist nicht bewusstlos.

'Wo Atem ist, ist Hoffnung', sagt die Medizin.

Ein Mann kümmert sich um sie, löst den Mundschutz und ihr Kopftuch, legt ihren Kopf auf die Handtasche. Sie schreit und schreit.

Fassungslos stehe ich mit leeren Händen da. Ein Miniverbandskasten unter der Soziusbank würde hier nichts ausrichten.

Ich reiche ein Papiertaschentuch hinüber, das Einzige, was ich beisteuern kann, um die Wunde an der im Straßendreck liegenden Hand abzudecken.

Der Mann nimmt mir dankbar das Tuch ab. Die Verständigung ist ohne Worte möglich.

Die Straße ist total verstopft. Bis hier ein Krankenwagen durchkommt, kann es dauern.

Die Frau brüllt nicht mehr. Sie hat resigniert. Meine Hilflosigkeit raubt mir beinahe den Verstand. Ich kann nichts tun.

Ein Polizist taucht hinter uns auf. Gleichzeitig kommt auf der anderen Seite der Straße ein Krankenwagen angefahren.

Donnerwetter, das ging aber schnell! Ich bin total erleichtert und trete von dem Unfallort zurück.

»Wir können hier nichts tun«, sagt George. »Für sie ist gesorgt.«

Ich beobachte noch, wie die Verletzte auf die Trage gehoben wird. Mit kritischem Blick würde ich einwenden, dass keine Nackenstütze umgelegt wurde und die Frau zügig ohne weitere Untersuchung auf die Trage gerollt wird. Sie muss große Schmerzen haben. Meine Güte, wie lächerlich sind dagegen meine Hämatome am Bein!

Der Polizist regelt, dass der Verkehr wieder ins Laufen kommt.

Er lässt den Lkw ein paar Meter vorfahren. Das wäre bei uns nicht möglich gewesen, die Straße hätten sie stundenlang gesperrt.

Mit zitternden Beinen steige ich auf die Maschine, schon wieder ein Adrenalinstoß. Hoffentlich kommen nicht mehr viele dieser Sorte.

Wir schaffen es, endlich zu wenden, und fahren in die Richtung zurück, aus der wir kamen. Ich kann das Blut auf dem Asphalt noch erkennen.

Das Bild, wie die Frau unter dem Lkw auftauchte, werden wir beide den ganzen Tag nicht los. Jeder von uns schildert seine Wahrnehmungen, die sich aufs Haar gleichen. George dachte genauso wie ich, dass die Finger fehlen und Eingeweide auf der Straße liegen.

Ich hoffe, sie erholt sich schnell und ist gegen Tetanus geimpft.

Wir fahren weiter auf der D 200 Richtung Çanakkale und haben den Ort Ayvalik als Ziel. Er liegt nicht direkt am Meer, aber es soll Unterkünfte geben. Von Booking.com habe ich eine Adresse runtergeladen, bei der aber kein Hotel steht.

Erst später fällt uns auf, dass es diesen Ort weiter südlich noch einmal gibt, und zwar direkt am Meer. Na, vielleicht ist die Eingabe der Postleitzahl doch nicht verkehrt. Sofern sie einem bekannt ist.

Also weiter geradeaus und wir landen auf einer kleinen asphaltierten und kurvenreichen Buckelpiste, die uns nach Assos führt, attraktiv an der Ägäis gelegen und touristisch voll erschlossen. Wir fahren ein Stück weiter zur Küste und finden nach 40 toll zu fahrenden Kilometern hinter Ayvalik eine klasse Hotelanlage direkt am Meer.

Strand am Hotel Assos Eden Garden

Beim abendlichen Buffet stellen wir fest, dass dieses Restaurant vegetarisch ausgerichtet ist.

Aber es mangelt an nichts. Ich probiere alles, auch wenn ich nicht immer erkenne, was es ist, außer Tomaten, Auberginen, Oliven, Gurken usw. Schmeckt alles klasse, ich liebe die gemüsereiche türkische Küche.

Ich habe jetzt nach 2.200 Kilometern einen Ruhetag eingefordert. Mein Bein braucht dringend einen Stiefelverzicht. Inzwischen ist der Bluterguss gelbgrün, hat sich aber bis zum Innenknöchel ausgebreitet.

Blick vom Restaurant

35

Eine geschätzte Woche, dann ist es vorbei mit den Verfärbungen. So traue ich mich in keine Shorts und Badeanzug.

George findet ein Vier-Sterne-Hotel in Assos, »Assos Eden Garden« nennt sich das Haus. Für zwei Nächte zahle ich 198 Euro im Doppelzimmer mit Balkon. Gleichzeitig findet ein Seminar zur Selbstfindung hier statt. Nach Meditationsmusik tanzen sich die Teilnehmer in Trance. Unterhaltsam, zuzusehen.

Im Restaurant begrüßt uns der Oberkellner humorvoll in fast perfektem Deutsch. Er lernt Sprachen über das Programm *Duolingo,* welches George für Englisch verwendet. Sogar das Wort *Sch...* kennt er, aber bestimmt nicht von Duolingo.

»Ich verstehe die Grammatik nicht. Warum heißt es ›das Mädchen‹, aber ›der Junge‹? Dieses der, die, das – das macht mich noch ganz verrückt.«
Ups. Nie darüber nachgedacht. Wisst ihr das?
»Das ist halt so«, sagt George. »Musst du auswendig lernen, mussten wir auch.«
Am nächsten Tag, am 16.05.22, geht es weiter in Richtung Ephesus.

Nach Ephesus / Selçuk

Es reihen sich Kilometer an Kilometer durch die Nordägäis. Mal läuft es ein Stück an der Küste entlang, dann durch landwirtschaftlich genutztes Gebiet, hauptsächlich Olivenbäume und Viehzucht. Es ist eine gebirgige Küstenlandschaft, die würzige Luft erleichtert bei der Hitze unser Geläuf. 320 Kilometer. Die Anfahrt führt uns über die D 550, allein durch Izmir brauchen wir eine Dreiviertelstunde, ohne Einhaltung der Geschwindigkeitsbegrenzung von 50 km/h.

Bis ungefähr 20 Kilometer vor Izmir läuft es flüssig, aber dann geht der türkische Stadtverkehr los. Chaotische Zustände, jede Lücke wird genutzt, die Geschwindigkeit – wenn es denn möglich ist – immer zu hoch. Wollen wir unbeschadet durchkommen, hilft nur: anpassen.

Die Verkehrsregeln beachtet hier keiner, auch nicht bei Fußgängerüberwegen. Ich denke schon, der Albtraum Großstadt ist jetzt vorbei, aber dem ist nicht so. Ein großer Kreisverkehr ist wegen Ampelausfalls total verstopft.

Ein Gehupe und Gedrängel, wie es George gefällt. Mir nicht.

Nach langer Fahrpraxis erkennt man die Arschlöcher, die nur an sich denken und keinen reinlassen, am sturen Blick geradeaus.

Klar könnte ich versuchen, mich vorzudrängeln. Man sieht ja nicht, dass ich eine Frau bin. Meine Sorge ist, dass mein Koffer wieder angeditscht werden könnte und ich auf der Schnauze lande, mitten im Kreisverkehr. Ein Polizist versucht schreiend, das Chaos zu lenken, leider gelingt es ihm nicht.

Der nächste Autofahrer lässt mich rein, und mit beiden Füßen mühsam paddelnd erreiche ich die Abfahrt, die geradeaus führt. George ist natürlich schon durch und wundert sich, dass ich nach so kurzer Zeit bei ihm ankomme. Allmählich passe ich meine Fahrgewohnheiten der Masse an.

Wir kommen gestresst, aber ohne Schaden beizeiten in Selçuk an. Wir bleiben zwei Nächte, sodass es morgen wieder relaxter wird.

Im Internet wird das Hotel »St. John« ausgewiesen und dieses Mal hat mein TomTom recht. Er fand es erst, nachdem ich die Postleitzahl eingab. Es liegt in einer ruhigen Nebenstraße abseits der City, hat eine gepflegte Fassade und besteht aus zwei hintereinanderliegenden Gebäuden, die durch einen begrünten Innenhof mit Swimmingpool miteinander verbunden sind.

Die Zimmer sind alle mit Balkon ausgestattet. Bei dem Namen hätte ich Englischkenntnisse des Besitzers vorausgesetzt, dem ist nicht so. Wir kommen trotzdem klar.

Das Doppelzimmer kostet 60 Euro, hat einen Kühlschrank und ist mit Dekohimmel über dem Doppelbett eingerichtet.

Uns gefällt es hier auf Anhieb. Echte Empfehlung für diese Stadt! Adresse:

Hotel Saint John, Sehit Polis Metin, Tavaslioglu Caddesi 67, 35920 Selçuk.

http://www.saintjohnhotel.net/ephesus_hotel/index.asp

Tel.: +902328926322

An Hotels mangelt es hier nicht, die Touristen ziehen die Örtlichkeiten Ephesus und Troja mit dem Holzpferd von der Filmkulisse an.

Selçuk ist groß, trotzdem überschaubar und ansprechend. Kann ich nur empfehlen.

Auf den Ruinen des alten Aquäduktes nisten Störche, das kennt man von deutschen Städten nicht.

Die Vögel müssen echt schmerzfrei sein, deren Junge vermutlich auch.

Ruine des Aquäduktes in der Stadt mit Storchennest links oben

George fotografiert ein monströs mit Kartons beladenes Gespann. Wir sind gespannt, ob der Fahrer noch Platz darauf findet. Es funktioniert. In Deutschland wäre so etwas nicht möglich.

Von vorne sieht man den Fahrer fast nicht.

Wir essen in einem Restaurant üppig zu Abend. Es gibt sogar Efes-Bier. Die Speisen suchen wir am Tresen aus, nehmen alle Empfehlungen des Besitzers ernst und bestellen viel zu viel: Salat, Appetizer mit verschiedenen Caciks (Tsatsiki) und Tomaten Pesto, gegrillte Chilis, Chickenwings, Kebab und Lammspieß, als Beilage hauchdünnes Fladenbrot. Der Tisch biegt sich.

Am nächsten Tag nehmen wir den Shuttlebus vom Busbahnhof, um zum Grabungsgelände nach Ephesus zu kommen. Die Touristenattraktion liegt 3,5 Kilometer entfernt. Das letzte große Ereignis muss der Besuch des Apostels Paulus gewesen sein, so 53 nach Christus. Wie sich die Zeiten ändern. Den Islam gibt es ja erst seit 600 nach Christus.

Aber wenn ich mich schwach an meine Bibelkenntnisse erinnere, gibt es ein Kapitel, das ‹die Jünger von Ephesus› heißt. Demzufolge war Jesus schon hier? Die heilige Maria soll mit dem Apostel Johannes wegen der Christenverfolgung in Israel nach Ephesus geflüchtet und hier begraben worden sein.

Ich denke nicht, dass ich mit dem blau-gelb-grünen Bein die Grabungsstätten zu Fuß besuchen kann. Aber wenigstens hinfahren – das hätte doch was.

Am nächsten Tag fällt morgens der Strom aus.

Im Bad ohne Licht das WC zu nutzen, mag noch gehen, aber Kajalstift aufzubringen nicht. Es sei denn, ich möchte wie Alice Cooper aussehen. George drapiert seine Stirnlampe im Bad, so klappt das Schminken.

Nicht so schlimm, wir wollen ja nach Ephesus und begeben uns zum Busbahnhof ins Zentrum. Dort stehen jede Menge VW-Shuttle-Mehrsitzer (Dolmus sind Kleinbusse, die bestimmte Routen zum Festpreis fahren, wenn genügend Fahrgäste da sind) zur Verfügung. Wir werden auch sofort angesprochen.

»Ephesus?«

Für zehn Euro fahren wir mit dem Bus und warten, bis noch weitere Fahrgäste eintreffen.

Ein junger Mann steigt ein, setzt sich vor uns. Er bemerkt unsere deutsche Herkunft und spricht uns in tadellosem Deutsch an.

»Ich habe fünf Jahre in München gelebt. Oh, ich vermisse so die deutsche Küche, gegrillte Schweinshaxe, Knödel, Sauerkraut, Bockwurst. Ach, so lecker! Ich liebe Schweinefleisch!«

Er stammt aus dem Iran, arbeitet als Animateur in einem großen Hotel und hatte es die letzten zwei Jahre sehr schwer. Ich nutze seine Insiderkenntnisse und zeige ihm meine Schachtel *Heets*.

»Gibt es die in der Türkei?«, frage ich.

Er schüttelt den Kopf. »Nein, die sind hier verboten, muss man online bestellen.«

Ups.

Das kommt jetzt überraschend. Hätte ich mich mal besser vorher schlaugemacht. Vielleicht werden ja welche unter der Ladentheke verkauft.

Der Bus füllt sich, auch mit Deutschen. Ein Ehepaar schwärmt von der Umgebung, vom Hafen und von Delfinen. Morgen fahren sie nach Pamukkale. Mit dem Bus. Das werden wir auch, aber auf zwei Rädern.

Die Vorstellung, mit einem Reisebus überall hingeschaukelt zu werden, auszusteigen, mit »Ah und Oh« die Gegend zu bestaunen, um dann wieder einzusteigen, behagt mir persönlich nicht. Aber könnte sein, dass wir mit steigendem Alter auch in diese Situation kommen werden.

Ich höre George schon gequält schnauben.

Die Fahrt bis zur Grabungsstätte dauert etwa 20 Minuten. Nach 10 Minuten haben wir beide Sonnenhüte gekauft. Die Händler sind hier sehr geschäftstüchtig. Die Touristen flüchten, so oft es möglich ist, in den Schatten. Ich kann die zahlreichen Treppen des Amphitheaters nicht hochlaufen und überlasse George das Fotografieren. Das Gelände ist sehr weitläufig.

Die Säulen erinnern mich mit ihren detailreichen Reliefs an die Tempelanlagen in Ägypten und an die Gedichtpassage »Des Sängers Fluch« von Ludwig Uhland:

»Noch eine hohe Säule zeugt von verschwundner Pracht.
Auch diese, schon geborsten, kann stürzen über Nacht.
Und rings statt duft'ger Gärten ein ödes Heideland,
kein Baum verstreuet Schatten, kein Quell durchdringt den Sand ...«

Ephesus: Theater

45

Wir nehmen Tickets mit Audioguide. Das Geld für den Guide würde ich mir sparen. Die einzelnen Stationen sind, auch in Deutsch, trefflich beschrieben. Die Besichtigung lohnt aus unserer Sicht unbedingt. Ephesus war in der Antike über viele Jahrhunderte der Hotspot für Europa in Asien. Griechen (Hellenen), Römer, Karl der Große, Kleopatra, alles, was in der Zeit Rang und Namen hatte, begab sich dort hin.

Die Stadt hatte bis zu 200.000 Einwohner und war damals ein kulturelles und wissenschaftliches Zentrum.

Tempel

Die Besichtigung braucht seine Zeit, es geht viele Stufen rauf und runter. George läuft diese alleine.

Das Gelände hat kaum Schatten, der Kauf der Sonnenhüte war doch gut!

Anschließend fahren wir mit dem Shuttle zurück nach Selçuk und laufen durch das Zentrum. Ich brauche Salbe gegen Mücken. Hier heißen sie Moskitos. Kein Urlaub ohne diese Plagegeister. Die Salbe besteht aus *Lidocain*. Bei uns wäre es ein Antihistaminikum wie zum Beispiel *Fenistil*. Lidocain ist ein Lokalanästhetikum und in Deutschland rezeptpflichtig. Ich behandele damit gleich mal die schmerzhafteste Stelle des Blutergusses am Knie. Beugen funktioniert noch immer nicht, geschweige darauf knien.

Im Hotel zurück, ist der Strom noch immer nicht da. Der Besitzer versichert uns, dass ab 17:00 Uhr wieder alles normal sei. Es existiere ein Problem in der City. Und tatsächlich, kurze Zeit später, können wir unseren Hightech laden, und, ja, das Internet ist verfügbar. Wie haben wir früher ohne überlebt? Ohne Laptop, Google, Navi und Smartphone?

Am Mittwoch, 18.05.2022, reisen wir zu den Kalksinterterrassen nach Pamukkale/Hierapolis und verlassen die türkische Westküste.

Auffahrunfall und langgelegt

Beim Verlassen des Hotelzimmers in Vollkluft kommt aus dem gegenüberliegenden Zimmer ebenfalls ein Paar in voller Schutzkleidung. Witzig. Wir stehen voreinander und strahlen uns wie Außerirdische an.

»Hi! Wohin geht es?«

»Pamukkale natürlich.«

Die beiden kommen aus Australien und fahren zusammen auf einer Honda Africa Twin. Respekt vor dieser langen Strecke. Sie scheinen in unserem Alter zu sein.

Wer weiß, vielleicht sieht man sich ja in Pamukkale wieder? Beim Losfahren stehen Hotelbesitzer und Ehefrau vor der Tür und winken uns zum Abschied. Wir sind gerührt. Sehr freundlich, die beiden.

George hat eine Strecke abseits der vierspurigen Durchgangsstraße herausgesucht. Die führt nach 20 Kilometern auf eine unbefestigte Straße, die zunehmend größere Steine und Rinnen aufweist. Ich schüttele meinen Kopf. Nein, das erspare ich mir. Die Umgebung ist mit zahlreichen alten Olivenbäumen bepflanzt. Knorrig und verbogen stehen sie in Reih und Glied. George winkt einem Bauern zu, der uns ungläubig hinterherblickt.

Geradeaus scheint ein Dorf zu liegen, und der Asphalt beginnt relativ schnell wieder, zwar buckelig und löcherig, aber besser als Geröll und Steine. Die schmalen Straßen in den Dörfern haben alle einen speziellen Reiz.

Wir stoßen wieder auf die Hauptdurchgangsstraße, kommen langweilig und unspektakulär, aber schnell voran. Es hat inzwischen 27 Grad und wir schwitzen in der Schutzkleidung wie in einer Sauna.

George ist schon weiter vorne und ich stehe an einer roten Ampel in der linken Spur.

Gerade, als ich anfahre, gibt es einen ordentlichen Rumps von hinten und ich kippe rechts von der Maschine, leider auf das blaue Bein. Lang ausgestreckt liege ich da und schaue verwundert auf die Straße. Noch im Liegen drehe ich den Zündschlüssel und stelle den Motor ab.

Was war das denn?!

Ein PKW ist auf mich drauf gefahren.

Zwei Männer und eine Frau stürzen aus dem Wagen, sie wirken besorgt, aber ich bin noch nicht mal erschrocken, sondern einfach stinksauer.

Ich könnte schreien!

IDIOT!

Das Nummernschild des Wagens liegt auf der Straße, die Stoßstange sieht mitgenommen aus.

Ich rappele mich hoch, mir tut zum Glück nichts weiter weh.

Der Verkehr auf der rechten Spur fließt ungerührt weiter. Glück gehabt. Wenn ich dort gelandet wäre ... oh, my goodness!

Nur meine *Tiger* sieht im ersten Moment schrecklich aus. Ein Motorrad auf dem Boden ist stets ein furchtbarer Anblick. Der Knubbel des Bremshebels ist abgebrochen, der rechte Handprotektor und der Spiegel sind schief, der rechte Koffer und Sturzbügel haben Schrammen, sonst kann ich erst mal nichts erkennen. Ach doch, mein Nummernschild ist nach vorne verbogen.

Die drei reden auf Türkisch lautstark auf mich ein. Als ich den Helm abnehme und sie eine Frau wahrnehmen, wird es noch schlimmer. Vor allem die Frau schreit heftig auf den Mann ein, der zweite Mann sagt gar nichts.

Okay. Die Maschine aufzuheben ist ja das Mindeste, was sie für mich tun können. Ich mache die entsprechenden Gesten, weil sie mich ja nicht verstehen.

»Hopp, hopp, jetzt mal hoch damit!«

Ich zeige den Männern, wo sie anpacken sollen, bloß nicht an den Handprotektoren oder den Spiegeln.

Ich packe mir den rechten Koffer, funktioniert super mit den angebrachten Griffen und stemme ihn hoch.

Wo ist nur mein Gatte George? Und was wird er jetzt wohl wieder denken? Ach, Sch...

Sie wuchten die Maschine so heftig nach oben, dass sie beinahe nach links kippt.

»Stopp, stopp!«, schreie ich, renne auf die andere Seite der *Triumph* und klappe den Ständer aus. Hätte ich mal besser gleich gemacht.

Erst jetzt hole ich tief Luft und atme geräuschvoll aus.

Das Bremsen müsste funktionieren, *Triumph* hat die Sollbruchstelle des Bremshebels weit nach rechts angebracht.

Den Protektor biege ich gerade, den Spiegel müssen wir ein zweites Mal festschrauben. Er ist zum Glück heil.

Der Koffer und Sturzbügel haben jetzt Gebrauchsspuren, *so what.* Ich packe den Bremshebelknubbel in den Tankrucksack.

Die türkische Frau schimpft weiter mit dem Mann und streichelt meinen Arm. Okay. Entschuldigung angenommen. Jeder pennt ja mal.

Ich sehe George auf der Gegenspur fahren, er hat gewendet. Ein Glück.

»Okay, okay«, sage ich zu den dreien und strecke den Daumen nach oben, ziehe meine Handschuhe an, steige auf und fahre los, bloß runter von dieser Straße.

Zwanzig Meter weiter halte ich rechts an einer Bushaltestelle, da kommt George schon angefahren.

»Der ist mir hinten drauf gefahren, aber ich glaube, die Maschine ist okay.«

»Und du? Bist *du* okay?«

Ich nicke. Verwundert, dass ich noch immer nicht geschockt bin – bei dem Hängenbleiben in der Tür der Zugverladung war das anders. Irgendwie bin ich einfach nur genervt.

Mein Gatte prüft alles.

»Den Hebel kann ich vielleicht mit Metallkleber kitten. Klappt es denn mit dem Bremsen?«

»Ja, das geht, der letzte Bremshebel sah schlimmer aus.«

Der war zu zwei Dritteln in Schottland abgebrochen, als ich – plötzlich verwirrt über den Linksverkehr – zu lange überlegte und zur Vorsicht die Handbremse zog. Das ist ja der Befehl fürs Motorrad, sich abzulegen. *Der* Anfängerfehler!

Wir fahren weiter, Aydin liegt schon länger hinter uns, als wir einen Pkw sehen, der einen Spurwechsel direkt neben einem Lkw beabsichtigt. *Der wird wohl nicht ...?*

Doch, er tut es. Sein linker Kotflügel wird vom Lkw zermalmt, glücklicherweise entsteht nur Blechschaden. Der Beifahrer des Lkw-Fahrers steckt seinen Kopf aus dem Fenster und wieder geht die türkische Brüllerei los. Wir sehen zu, dass wir schnell an den beiden vorbei kommen, bevor ein Stau entsteht.

Allmählich werden mir diese Ereignisse zu viel. Ob das so bleibt? Gewöhnen wir uns daran?

»Die kleineren Straßen sind doch nicht so schlecht«, meint George.

»Klar, aber Hauptsache mit Asphalt.«

So gegen 14:30 Uhr erreichen wir dann Pamukkale. Mittlerweile hat es 30 Grad und in der Kluft fühle ich mich wie aus dem Wasser gezogen. Dass wir morgen schon Wollsocken brauchen werden, ahnen wir noch nicht. Die weißen Terrassen sind schon von Weitem zu erkennen, sie erinnern an Gletscher oder Skipisten.

George hat das Hotel »Sahin« ausgewählt. Die Motorräder bekommen einen extra Platz.

Das Haus ist klein, hat zwei Etagen und das Restaurant bietet auf der Dachterrasse einen Panoramablick auf die Sinterterrassen.

Drei Nächte zu buchen gelingt nicht, weil das Wochenende naht. Es werden zahlreiche Reisebusse und Gäste erwartet.

»Zwei Nächte reichen im Prinzip«, sagt der Besitzer auf Englisch. Na, dann scheint er gut belegt zu sein. Vermutlich hat er recht.

Bezahlt werden muss hier cash. Keine Kartenzahlung möglich.

Wir kratzen unsere Barschaft zusammen und ich werde anschließend einen Bankautomaten suchen.

Das Zimmer hat drei Betten, einen winzigen Balkon und ist klein und gemütlich.

Nach dem Duschen sieht die Welt schon wieder anders aus, jetzt fehlen nur ein gutes Essen und ein Bier.

Barfuß auf den Terrassen im Regen

Barfuß auf die Terrassen

Morgens ist der Himmel bedeckt, leichter Nieselregen mit gefühlten 15 Grad weniger als am Vorabend. Na so was. Hier regnet es auch mal?

Ich hole das erste Mal auf dieser Tour einen Pullover raus.

Das Frühstück auf der Dachterrasse mit Blick auf die Umgebung hat mal wieder einen gewissen Unterhaltungswert. Ein Reisebus hält an, die Reisegäste strömen in den kleinen Park mit künstlich angelegtem See mit vielen Enten und Gänsen.

»Da kloppen sich welche«, sagt George. Zwei Männer ringen miteinander, während zwei andere versuchen, die Kampfhähne zu trennen, was aber nicht gelingt. Wieder mal türkisches Geschrei. Umringt von ein paar Zuschauern, mehrere telefonieren bereits.

Der Streit eskaliert. Einer holt aus seinem Auto ein circa 30 Zentimeter langes Messer, ein richtiger Zachel.

Das kann doch jetzt nicht wahr sein! Zugestochen hat er nicht.

Sie sind unter das Vordach unseres Restaurants ausgewichen, die Fortsetzung des Kampfes bleibt uns verborgen.

George vermutet, dass der Bus dort nicht halten sollte und der Fahrer sich mit dem Geschäftsbesitzer angelegt hat. Wir wissen es nicht.

Der Bus fährt ab, nachdem die Reisenden einmal um den kleinen See gelaufen sind.

Kurze Zeit später trifft die Polizei ein, ein Beamter hat sogar die volle Ausrüstung mit schusssicherer Weste an.

Das alles beobachten wir, kauen in aller Gemütsruhe unser Brot und trinken Tee. Ich weiß nicht, was ich von dieser Reise halten soll. Geht das jetzt wochenlang so weiter?

Es wird Zeit, auf die Kalkterrassen zu kommen. Deren Entstehung durch Kalziumkarbonat haltiges Wasser der Thermalquellen dauerte Jahrtausende (Pamukkale: türkisch für Baumwoll-/ Watteburg).

Nachdem die Hotels in diesem UNESCO-Kulturerbe wieder abgerissen wurden, weil sie erstens die Landschaft verschandelten, zweitens den Kalkfelsen das Wasser abgruben und drittens die Touristen mit ihren Schuhen die Kalkplatten verschmutzten, muss man jetzt barfuß laufen, und Schwimmen in den Becken ist bis auf wenige Ausnahmen verboten.

Die Haftung unter den Fußsohlen ist gut, der Gedanke an Eis, Glätte und Schnee verflüchtigt sich schnell. Tatsächlich ist das Wasser, das für die 800 Meter lange Fläche läuft, stellenweise warm.

Nur unsere zarten Fußsohlen sind die mit Steinchen bestreute, raue Oberfläche nicht

Becken mit warmem Wasser auf der Terrasse

gewohnt. Die Touristen laufen alle wie auf Eiern. Oben angekommen, ziehen wir Socken und Schuhe wieder an. Es ist wenig los, ein Souvenirgeschäft nach dem nächsten und die üblichen Fressbuden. Hierapolis bedeutet »Heilige Stadt« und stammt aus der griechischen Antike.

Die Stadt liegt direkt oberhalb der Sinterterrassen und die Grabungsstätten kann man besichtigen.

Torbogen beim Stadteingang

60

Das Gelände in blühender Landschaft ist weitläufig, das werde ich zu Fuß nicht schaffen. Ist nicht nötig. Die Ruinen der einstigen Prachtstraße, Theater und Kirchen sind eindrucksvoll – ein Hoch auf die Geduld der Archäologen – aber sie sehen sich an jedem Ort irgendwie ähnlich.

Wer alles sehen will und auch nicht so weit laufen kann oder will: Man kann hier auch kleine Droschken mit oder ohne Fahrer mieten.

Das Thermalbad im Freien ist voll mit Badenden. Die Wassertemperatur beträgt 35 Grad, aber George verzichtet trotz mitgebrachter Badehose. Es kostet extra Eintritt. Ein Fotograf, in Boxershorts und T-Shirt im Wasser wandernd, fotografiert professionell und unabhängig von der Körperfülle der Models, die sich in anmutigen Posen auf den großen Steinen rekeln. Die Kamera wirkt nicht, als wäre sie wasserdicht.

Langsam machen wir uns wieder auf den Rückweg. Runter ist immer schwieriger als rauf, nicht nur beim Motorradfahren. Unten angekommen, sind die Füße eiskalt und freuen sich auf Socken und Schuhe.

Wasserfallähnliche Kalkformationen

Neben unserem Hotel wird ein kleines Haus von einem Bagger abgerissen. Beachtlich, wie schnell ein Bauwerk in Schutt und Asche gelegt wird. Der Baggerführer bedient mit der linken Hand den Joystick, mit der rechten hält er eine Zigarette, während der Bauschutt auf die Lkws geladen wird. Wir haben beide die vergangene Nacht schlecht geschlafen, George ist aufgrund nasser Hose und Socken fast tiefgefroren. Unser Zimmer ist kuschelig warm. Wer hätte gestern gedacht, dass wir uns heute über warme Sachen freuen?

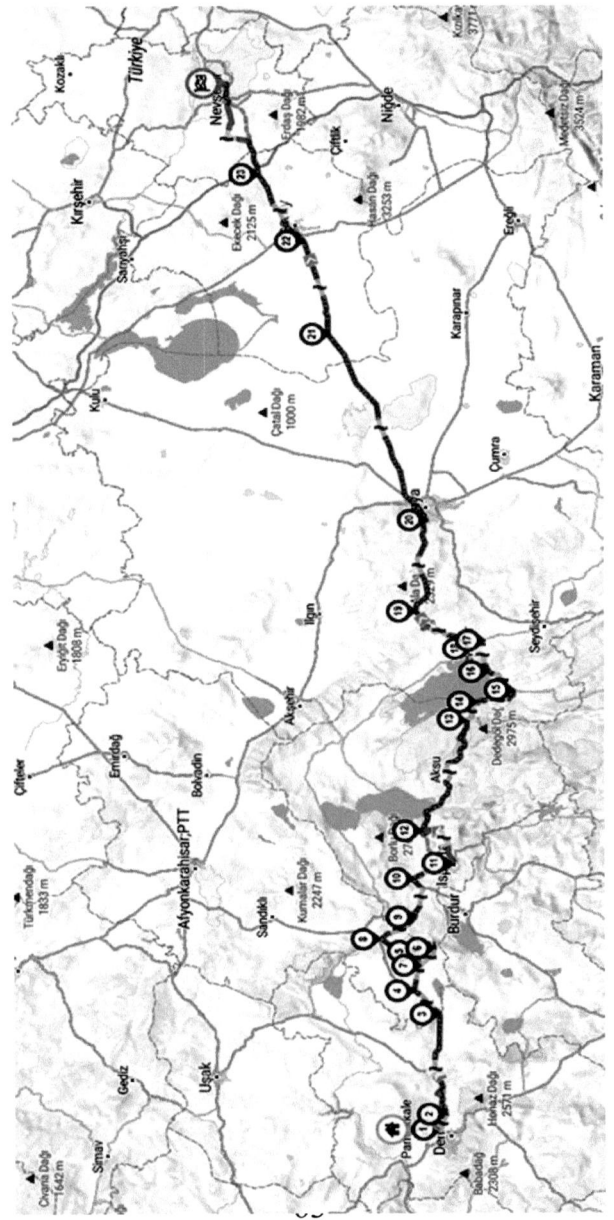

Von Beyşehir bis Uçhisar/Kappadokien

Nach Beyşehir am See

Am nächsten Morgen brechen wir auf nach Beyşehir. Der große Ort liegt an einem Gewässer von der Größe des Bodensees.

George knallt das Handy beim Befestigen am Lenker runter und das Display zersplittert.

Oh nein!

Wenn das mal noch funktioniert mit der Navigation. Vor allem bei Regen!

Bei angenehmen 17 Grad und wolkenlosen Himmel fahren wir los. Zunächst wieder über eine Schnellstraße, bis Dazkiri.

Es ist nichts los auf der Straße, sodass wir entspannt durch das anatolische Bergland rollen. Hinter Dazkiri biegen wir dann ab. Jetzt wird es richtig schön. Wie fahren über einen 1800 Meter hohen Pass und durch kleinste Dörfer.

Dann wird die Straße so schlecht, dass ich darauf bestehe, ein etwas besseres Sträßchen zu nehmen. Das bedeutet 50 Kilometer Umweg.

In Dinar kommen wir wieder auf die Schnellstraße, der wir bis Egirdir folgen. Wir bleiben auf der D 330 nach Beyşehir. Es ist jetzt keine vierspurige Straße mehr, sondern eine kleine, kurvenreiche

Landstraße, die sich immer weiter bergauf schraubt.

Umgeben von Bergwald und schneebedeckten Gipfeln geht es so auf die Passhöhe von 1.809 Metern. Teilweise ist der Asphalt runtergefahren und es liegen Steine oder Schotter auf der Fahrbahndecke, ansonsten ist die Straße aber gut. Die Gegend ist grandios, allerdings weht ein starker Wind und oben wird es kühl.

Der Blick auf den »Golü Beyşehir« nach der Passabfahrt ist traumhaft.

Wir fahren bis in die gleichnamige Stadt und nehmen dort nach 389 Kilometern ein Hotel. Wir wären gerne zwei Nächte geblieben, leider ist nichts frei.

In einem Vodafone-Laden fragen wir, ob das Handy reparabel sei. Ist es hier nicht.

Weil es am Wochenende eng mit Hotelzimmern werden könnte, buchen wir drei Nächte im Voraus, in Uçhisar, einem Dorf in der Region Kappadokien in Zentralanatolien mit 3.800 Einwohnern. Über Booking.com funktioniert es übrigens nicht. Sie zahlen keine Steuern an die Türkei.

Quelle:

Einer der bekanntesten Orte ist Göreme mit seiner aus dem weichem Tuff herausgehauenen Höhlenarchitektur. Es ist seit 1985 UNESCO- Weltkulturerbe. Intensive vulkanische Tätigkeit prägte diese einzigartige Landschaft.

George bucht das Hotel »Philosophia«. Ihm gefällt der Name. Drei Nächte für 127 Euro mit Frühstück. Diese Entscheidung soll sich als echter Glücksgriff erweisen!

Blick auf Uçhisar

Kontakt mit der türkischen Renn-leitung

Um 09:30 Uhr brechen wir auf Richtung Uçhisar, es liegen 320 Kilometer vor uns.

Beyşehir liegt auf 1.100 Metern, es hat 15 Grad. Ein Tankwagen spritzt Wasser auf die Hauptstraße. Vermutlich soll es für die Gäste am Wochenende nicht so stauben. Also gibt es hier keinen Wassermangel, der See ist gut gefüllt.

Bei den 15 Grad beim Losfahren freue ich mich über meine lange Unterhose.

Wir fahren über Schnellstraßen bis Kappadokien. Über die anatolische Hochebene geht es meist geradeaus und zügig voran. Hier wird überwiegend Landwirtschaft betrieben, selten ein Produktionsstandort. Die Besiedlung ist übersichtlich, lange Zeit nichts, dann ein kleines Dorf. Bis wir nach Konya kommen.

Wir nähern uns dem Ort von oben und haben damit den freien Blick auf die Großstadt. Wow!

Zum Glück kommen wir zügig durch diesen Moloch. Hinter Konya läuft es wie gewohnt immer geradeaus, der Blick wird durch die meist weit entfernt aufragenden Gipfel begrenzt.

Wie Geschwindigkeitsmessungen in der Türkei ablaufen, ist uns nicht klar. Laserpistolen sehen wir nicht, der TomTom warnt nicht, aber dieses Mal sind wir fällig.

Wieder eine Polizeikontrolle, die uns rauswinkt. Ich habe mich daran gewöhnt, dass Männer nur mit Männern reden. Das ist keine Missachtung, sondern im Gegenteil, es bedeutet Respekt vor der Frau.

Ich hole den Führerschein raus, aber den wollen sie gar nicht sehen. Der Polizist erläutert in passablem Englisch, dass wir zu schnell gefahren sind.

Wir haben keine Ahnung, wo der Blitzer stand oder ob überhaupt geblitzt wurde. Die Geschwindigkeit wird auf dem »Knöllchen« mit 104 km/h angegeben. Motorräder dürfen nur mit Höchstgeschwindigkeit von 100 km/h fahren, Autos mit 110 km/h, erklärt uns der Polizist. Na, wer hätte denn so was gedacht? Wir beide sind erstaunt, das ist ja schon diskriminierend.

»Wir zahlen ohne Diskussion« zische ich George zu. Puh – es sind nur 4 km/h zu schnell. Die kosten 425 TL für jeden, umgerechnet 24 Euro.

Der Polizist telefoniert mit der Kontrollstelle. Der andere sitzt im Wagen und wartet auf die Tickets.

Damit wedelt er aus dem Fenster und ruft seinen Kollegen. Der unterhält sich so angeregt mit George (woher, wohin?), dass er das nicht bemerkt.

Die Tickets sehen wie zwei Kassenzettel aus dem Discounter aus. Sie werden uns feierlich überreicht.

Auf den Kassenzetteln stehen eine Menge Informationen in Türkisch, weiter unten in Englisch. Cash zu zahlen ist nicht möglich. Soll die Korruption eindämmen. Ich kann die Bankverbindung nicht erkennen. Vielleicht können wir ja bei einer Polizeistation blechen?

Wir sollen es online machen, sagt der nette Polizist, der ständig lächelt und entschuldigend die Schultern zuckt. *Aha.*

»Wann müssen wir bezahlen?«, fragt George.

»In einem Monat. *Or yesterday.*«

Ich muss schallend lachen. Jedenfalls fahren wir ab jetzt gemäßigt. Hat was genützt.

Nachmittags gegen 15:30 Uhr erreichen wir über Akasaray und Nevşehir den Ort Uçhisar.

Ich habe im TomTom »Uçhisar Hotel Philosophia« einprogrammiert. Damit findet er die Straße sofort.

Ich kann kein Hotel erkennen. Auf der gegenüberliegenden Seite ist zwar ein Hotelbetrieb, aber nicht das Philosophia.
Eine Frau erscheint am Tor und schaut mich fragend an.
»Wir suchen das Hotel Philosophia, kennen Sie das?«

Eingang Hotel Philosophia

Sie nickt. »Es ist hier!«

Wow! Volltreffer.

Auffällig ist die Verarbeitung mit uralten Holz-
stämmen an der Fassade und an der Mauer. Die
Wände schmücken selbst gemalte Bilder. Der
Garten ist klein, aber das Haus hat auch nur zehn
Zimmer.

Rechts treten wir in das Nebengebäude und
werden von zwei weiteren Frauen begrüßt. Die
eine Dame hat eine circa fünfjährige Tochter, die
sich sofort an Georg wie eine Klette hängt. Hund
und Katze laufen friedlich nebeneinander durch die
Küche. Das ist wohl der Frühstücksraum. Auf einem
kleinen Schreibtisch steht ein Laptop.

Das ist die ganze Rezeption? Genial. Hier gefällt es
uns auf Anhieb.

Wir bekommen Chai angeboten und das Bezahlen
wird verschoben. Der Besitzer ruft an und die Frau
reicht mir das Handy. Er begrüßt mich persönlich.

»Wir sehen uns heute Abend.«

Ich bin derart überrascht, dass mir glatt die
englischen Vokabeln flöten gehen.

Das Zimmer ist mit Natursteinwänden und der
Boden abwechselnd mit Holzplanken und
Granitfliesen gestaltet. Allein die Eingangstür ist
ein Kunstwerk:

Weiß, türkis und braun angestrichen. Das Waschbecken thront auf einem alten Eichenstamm. Gänzlich gefliest mit Granit. Sehr geschmackvoll!

Statt einem Schrank gibt es einen Kleiderständer, der sich für die Motorradklamotten besser eignet als ein geschlossener Schrank.
Das kleine Mädchen weicht nicht mehr von Georges Seite. Sie freut sich über die Abwechslung.
Ein großer Tisch steht unter einem Kirschbaum, dessen unreife Früchte von der Kleinen gepflückt und George überreicht werden.

Wir laufen Richtung Zentrum, der Berg aus Tuffstein ist ein guter Wegweiser. Massenhaft Verkaufsstände mit Klimbim, den keiner braucht und der an jeder Verkaufsstelle gleich aussieht. Wie kann man da etwas verdienen?
Uçhisar ist ein konservatives Dorf, das heißt, in den meisten Restaurants gibt es kein Bier oder Wein. Dafür finden wir einen Laden, der ausschließlich Alkohol verkauft, in allen Facetten, Farben und Marken.

Begehbarer ‹Berg› in Uçhisar

Wir laden die Tasche voll mit Efes-Bier, setzen uns in den Garten und lernen den Besitzer kennen.

Er heißt Kamil Duman und sieht einer Jesusgestalt nicht unähnlich. Langer schwarzer Bart, noch längere schwarze Haare, zu einem Dutt gedreht. Wäre der Bart nicht, würde auch der Name »Winnetou« passen.

Wir sind uns sofort sympathisch, er ist locker drauf, dreht ständig Zigaretten und spricht etwas Deutsch. Sein Geld verdient er in selbstständiger Tätigkeit als Reiseleiter, in Berlin hat er fünf Jahre Philosophie studiert.

»Die letzten zwei Jahre habe ich kein Deutsch mehr gesprochen, es ist jetzt nicht so gut, mein Deutsch, muss wieder üben.«

Also, er spricht besser Deutsch als wir Türkisch.

»Manche Gäste fahren sofort wieder, wenn sie das Haus sehen. Ich sage, *so what!*«

Das kann ich mir gut vorstellen. Mit einem gewöhnlichen Hotel hat dieses Haus nichts, aber auch gar nichts gemein.

Es kommen mehr Gäste. Wie sich herausstellt, sind es vier weitere Reiseleiter, darunter ein Ehepaar. Das ist schon ein klasse, so viele Reiseleiter in Kappadokien kennenzulernen.

Sehr viel später sind wir zu acht. Die Namen lasse ich mir aufschreiben und George erklärt, dass ich Bücher über Motorradreisen schreibe.

Beste Freunde. Vorne Pakzine, Eyyup, George, im Hintergrund Kamil

Wir sitzen mit Kamil bzw. *Jesus of Cappadokia*, Oguzhan Abasie, seiner Frau Nerimann Abasie, Turgut Mustafa Yedec und Pakzine Duman, der Schwester des Besitzers, und Eyyup in alkoholseliger Stimmung zusammen.

Turgut hat selbst gekelterten Weißwein in einer 1,5 Liter-Wasserflasche mitgebracht.

Die macht die Runde, einiges wird verschüttet und geht daneben, so großzügig wird der Saft in die Gläser gegossen.

Oguzhan hat in Berlin Archäologie studiert.

»Kennt ihr Klaus Schmidt? Das ist ein berühmter Archäologe, der Mesopotamien ausgegraben hat.«

Wo ist Mesopotamien?? Muss ich *Ecosia* fragen.

«Mesopotamien, vor nunmehr gut fünftausend Jahren eine Kulturlandschaft zwischen Bagdad und dem Persischen Golf – im so genannten Zweistromland (Euphrat und Tigris) – gelegen, umfasst heute geografisch große Teile des Irak, des Iran, Syriens, der Türkei, Kuwaits und Kurdistans.»

Quelle:

https://www.navigator-allgemeinwissen.de/meso potamien/was-ist-mesopotamien.html

Wenn man nicht zu den Buddlern gehört, muss ich Herrn Schmidt nicht unbedingt kennen. Und jetzt ist Oguzhan Reiseleiter, begleitet Touristen und gräbt nicht mehr. Ich merke, dass er für Ausgrabungen förmlich brennt. Turgut ist mit Japanern unterwegs. Eyyup, der Russisch beherrscht, begleitet die Reisenden aus Putinland.

Ob da viele Russen nach Kappadokien kommen? Ja. Trotz des Krieges in der Ukraine.

Zu später Stunde sind wir für die übrigen Gäste zu laut und verziehen uns nach drinnen in den Aufenthaltsraum.

»Ich bin ein guter Koch«, sagt Eyyup und serviert dekorativ klein geschnittenes Obst, Birnen, Äpfel, Bananen. Sagenhaft, wie er das noch hinkriegt. Kochen kann ja auch einfach sein.

Dann wird für einen Raki Eis gestoßen. Ich steige aus. Diesen milchigtrüben Hustensaft mag ich nicht.

Pakzine zeigt mir Bilder auf Facebook. Sie hat einen 24-jährigen Sohn, ich zeige ihr meinen Account von Marbie Stoner. Facebook ist ein gutes Medium, um Gesprächsstoff zu bekommen. Im Handumdrehen hat sie meine Seite ins Türkische übersetzt.

Es ist spät, genug getrunken, ab ins Bett. Ich bin total müde.

Rundtörn ohne Reisebusse

Am nächsten Morgen sitzen die meisten etwas angeschlagen am Frühstückstisch. Ich habe endlich gut geschlafen, um 07:30 Uhr ist George schon lange wach und liest.

Was machen wir denn heute?

Eyyup zeigt uns einen Prospekt über einen Rund-Törn in den Süden, auf dem kein Reisebus zu finden sein wird. 100 Kilometer rund ums Tuffgestein.

Und das ist eine gute Idee! Obwohl ich heute gar nicht fahren wollte. Wir schnallen die Action-Cams an die Maschinen.

Fahren Richtung Ürgüp, nach Mustafapaşa und besichtigen die Keşlik Monastery, eine Kirche aus Tuffgestein. Kostet Eintritt, dafür bekommt man eine Taschenlampe.

George fährt den gepflasterten Weg hoch, ich parke unten und laufe die 50 Meter.

Beeindruckend, die Räume sind in den Tufffelsen gehauen. Das Kloster ist eines der größten und gut erhaltenen Klöster in der Region.

Landschaft bei Mustafapasa

Im Allgemeinen sind diese Gebäude in Kappadokien in zwei Kategorien unterteilt, eine mit Speisesälen und eine mit offenen Innenhöfen. Es gehört zur zweiten Kategorie. Es hat eine Schule, einige Schlafsäle und einen Andachtsraum. Wir tappen ins kühle Dunkel, bewundern die geschwungenen Gewölbe und den Garten darum herum.

Am Parkplatz angekommen, spricht uns ein deutsches Paar an.

»Wo liegt denn Gelnhausen?«

Kurze Erklärung, die beiden arbeiten bei Ford in Istanbul. Den Feiertag am 19.05.22 haben sie genutzt, um eine Reise ins Innere der Türkei mit einem Leihwagen zu unternehmen. Heute Abend fliegen sie zurück.

»Die Stadt ist gut für Touristen, für die Arbeitenden eher nicht. Eine Stunde hin und eine Stunde zurückfahren, 13 Stunden arbeiten, da bleibt nicht viel.«

Nun, wir haben es da besser. Möchten keinesfalls tauschen.

George nimmt ein paar Seitenstraßen ins Visier, davon gepflasterte und steil ansteigende Serpentinen. Oben angekommen, geht es über Geröll ins Ungewisse, ich schüttele mal wieder den Kopf.

Die Gegend ist einfach nur klasse. Zurück fahren wir auf kleinen Straßen, mitten durch die jetzt belebte Innenstadt von Ürgüp. An einer Tankstelle spritzt George die Maschinen ab.

Der am späteren Abend einsetzende Regen macht das Ergebnis leider wieder zunichte.

Erdpyramiden, Mushrooms genannt.

Morgen werden wir eine Touri-Tour Richtung Norden im Reisebus unternehmen. Nach einer Empfehlung von Eyyup.

Göreme – Touristen Wespennest

Kamil schläft morgens um 08:30 Uhr noch. Seine Schwester Pakzine weckt ihn per Telefon und so bekommen wir die Bustour nach Göreme und Umgebung noch hin. Kosten: 48 Euro pro Person, inklusive Essen.

Wir werden um 10:15 Uhr am Hotel abgeholt. Mit dabei ist eine vierköpfige koreanische Familie, zwei Frauen aus Malaysia und ein türkisches Paar, welches später zusteigt.

Der Reiseleiter spricht außer Englisch auch koreanisch und redet fast ununterbrochen. Irgendwann kann ich ihm nicht mehr folgen. Der Bus hält an den entsprechenden Highlights und wir werden per pedes in die Umgebung entlassen. Diese ist zwischen den Tufffelsen sehr steil. Ich überlasse George das Bilderknipsen. Mein Bein ist im Kniegelenk noch immer nicht okay. Laufen fällt mir schwer, vor allem bergab.

So anstrengend hätte ich mir den Tag nicht vorgestellt.

Über eines bin ich froh: nicht in Göreme zur Übernachtung gelandet zu sein. Die Ballons dürfen heute wegen Starkwind nicht fliegen.

Zur Information: Eine Ballonfahrt kostet 300 Euro und man muss um 4:00 Uhr aufstehen! Hatten wir nicht vor.

Die Stadt ist überfüllt mit Reisebussen, Anbietern von allem möglichen Kitsch, vielen Menschen, die kreuz und quer laufen, eine richtige Touristenhochburg.

Besonders beeindruckend sind die Erdpyramiden, hier »Mushrooms« genannt. Sie sehen wirklich wie Pilze aus, ich kann mich gar nicht sattsehen.

Mushrooms

Jede Skulptur ein Kunstwerk der Natur.

Ohne die Bustour hätten wir diese Orte nicht so schnell gefunden. Vor allem das Zahlen des Eintritts ist mit einer geführten Tour viel einfacher. Der Guide hält seine Karte ans Terminal und die Gruppe geht durch das Drehkreuz.

Die Tour ist inklusive Mittagessen gebucht. In einem riesigen Restaurant werden wir auf Plätze verwiesen und dann zum Buffet geschickt.

Dafür haben wir 45 Minuten Zeit. Getränke müssen selbst bezahlt werden.

Das Essen war gut, vielleicht war der Salat nicht okay oder der Nachtisch in Form von Milchnudeln mit Kokos und kleinen Kuchenstücken. Davon später mehr.

Gegen 18:00 Uhr kommen wir zurück ins Zentrum von Uçhisar, füllen die Biervorräte auf und laufen zum Hotel.

Vier weitere Motorräder stehen im Innenhof. Oh, Überraschung! Sie kommen aus Österreich, aus der Steiermark, zwei Paare mit zwei 250er Honda–Enduros, einer DR 350 und einer KTM 690 Enduro. Sie fahren über kleine Offroad-Straßen. Bis Bulgarien sind die Maschinen mit dem Hänger transportiert worden.

Multikulti: Österreicher, Deutsche und Türken.

Im Garten gibt es ein spontanes Dinner im Stehen.
Eyyup hat so eine Art Gulasch mit viel Knoblauch
besorgt und dazu frisches Fladenbrot. Das zieht
man mit den Fingern auseinander, nutzt das Brot
wie Besteck, packt sich Fleisch in das Brot und
schiebt es in den Mund. Super!
Wir lachen und blödeln wieder so herum, als
würden wir uns schon lange kennen.

George gibt Kamil seine Visitenkarte und lädt ihn ein, uns bei Gelegenheit in Deutschland zu besuchen. Eyyup meint, dass ich unbedingt für alle kochen muss.

»Mache ich doch, natürlich ohne Schweinefleisch!«

Ein empörter Aufschrei, unisono.

»Bitte mit Schweinefleisch, wir lieben Schweinefleisch! Wozu kommen wir denn nach Deutschland?«

Na so was. Schon wieder ein Klischee aufgelöst. Es gibt Türken, die essen gerne vom Schwein und trinken Alkohol. 40 Prozent der Türken sind nicht religiös.

Der Ruf des Muezzins nervt sie sogar.

Zwangspause

In der Nacht von Montag auf Dienstag geht es los. Ihr kennt sicher das Gefühl, dass eine Erkrankung naht, aber ihr wisst nicht, wohin das Ganze führen wird? Fröstelanfälle, brennendes Gesicht, Kopfschmerzen.

Morgens bringe ich George schonend bei, dass wir bleiben müssen.

»Ich bin krank, ich glaube, ich habe Fieber.«

Kurz danach weiß ich, womit ich angeschlagen bin. Ich habe plötzlich starke Bauchkrämpfe und erreiche knapp die Toilette. Weitere Einzelheiten erspare ich euch hier. Nach ein paar Stunden geht es oben los. Mir ist hundeelend.

Wir verlängern unseren Aufenthalt um optimistische zwei Nächte und bezahlen für die ersten drei Übernachtungen inklusive Bustour 218 Euro. Kamil bevorzugt Euro. Klar, bei der Inflation. Aktuell am 25. Mai 2022 ist der Kurs 0,058 TL. 10 TL entsprechen demnach 58 Cent. Also weiter gesunken von 0,06 TL. Wenn sich die türkische Wirtschaft wieder erholt, hat unser philosophischer Freund an der Eurowährung mehr verdient.

Gegen Abend bekomme ich Schüttelfrost, fast eine Stunde lang zittere ich zähneklappernd wie Espenlaub. Wir haben kein Fieberthermometer mitgenommen, aber als Krankenschwester ist mir die Bedeutung von Schüttelfrost bewusst. Rascher Fieberanstieg.

Jetzt mache ich mir etwas Sorgen. Salmonellen?

Kamil bietet uns an, mich zum Arzt zu bringen. Ich schüttele den Kopf, bleibe auf der Toilette und schicke George in die Apotheke.

Das übliche Paket von *Imodium* gegen Durchfall (Loperamid), *Metoklopamid* (gegen Erbrechen) und Laktobazillus-Pülverchen zum Aufbau der Darmschleimhaut. Ferner Salzstangen, Bananen und literweise Wasser. Gibt es übrigens nur in Plastikflaschen.

Im Motorradgepäck sind die ja praktisch, aber wie soll das mit der weltweiten Plastikreduktion funktionieren, wenn nicht alle Länder mitmachen?

Pakzine versorgt mich mit großen Gläsern bitteren Chais, reibt ihren Bauch und fragt mich, wie es mir geht. Ich schüttele nur den Kopf. Sie ist besorgt um mich.

Am besten geht es mir, wenn ich liege. Und das ist auch noch am Donnerstag, **26. Mai,** der Fall.

Aber heute bin ich schon einige Stunden außerhalb des Bettes und sitze im Garten.

George führt mit den Österreichern Benzin-gespräche und hat damit Unterhaltung.

Gerne würde ich mal wieder etwas Richtiges essen. Reis, Suppe, irgendwas Salziges.

George überlegt, wie er unsere Tour zusammenstreichen kann. Wir haben keine Zeitnot. Vielleicht klappt es ja noch, bis zum Ararat zu fahren. Schließlich sind wir im Ruhestand. Kein Arbeitgeber erwartet uns! Ein schönes Gefühl. Wir streichen erstmal nichts.

Mit dem Bezahlen des Straftickets sind wir nicht weitergekommen. Auf Facebook bekomme ich den Tipp, bei der Post PTT könne der Betrag in bar bezahlt werden.

George versucht sein Glück, als die PTT geöffnet ist. Aber es ist nicht möglich. Vor Corona war das eine Option gewesen, da war Barzahlung direkt bei der »Polis« erlaubt. Wegen Korruption vermutlich gestoppt.

Stattdessen bekommen wir eine Bank in Nevşehir genannt, da dürfen wir bar einzahlen.

George ist ohnehin langweilig, so fährt er los.

Anleitung zur Bezahlung eines Straftickets

An dieser Stelle schreibt George seine Erlebnisse selbst:

Ich habe mir heute die Ihara-Schlucht zum Ziel gesetzt. Zunächst über kleine Straßen, bis ich auf die D 765 nach Derinkuyu, einer unterirdischen Stadt komme. Hier sehe ich eine Banka, bei der ich vielleicht den Strafzettel bezahlen kann. Klappt aber nicht.

Immerhin bekomme ich den Hinweis, dass 300 Meter weiter eine Einrichtung sei, wo ich die Knolle begleichen kann.

Tatsächlich finde ich ein passendes Gebäude.

Maschine abgestellt und beim Pförtner angemeldet. Der spricht weder Deutsch noch Englisch, holt eine Kollegin, die ein wenig Englisch versteht. Ich bin in einer Polizeikaserne gelandet!

»Hast du Zeit?«, fragt sie. Ich nicke. Klar.

Ein weiterer Kollege kommt hinzu und deutet mir, ihm zu folgen. Wir setzen uns zu zweit auf einer Bank im Schatten, denn mittlerweile knallt die

Sonne vom Himmel. Bald kommt ein Dritter dazu, der wiederum Englisch spricht.

Es entwickelt sich ein interessantes Gespräch über woher und wohin, allein usw.

»Meine Frau ist krank in Uçhisar.«

Da mir weder die Vokabeln für Durchfall noch für Erbrechen bekannt sind, ahme ich ein würgendes, spuckendes Geräusch nach, und entschuldige mich für das Fehlen der richtigen Worte. Das löst große Heiterkeit aus. Es kommen nun immer mehr Kollegen hinzu, sehr freundliche und interessierte Stimmung. Ich bekomme Chai serviert.

»Möchtest du etwas essen?«

Ich lehne ab. Im Prinzip will ich die Straftickets bezahlen.

Mittlerweile sitzen wir zu zehnt an einem Tisch mit rundherum aufgestellten Bänken. Das Interesse an meiner Reise und das Leben in Deutschland ist riesengroß. Zum Schluss gesellen sich die Vorgesetzten bis hin zum obersten Chef dazu und es wird gemütlich. Nach einer Stunde (!) komme ich auf mein eigentliches Anliegen zurück.

»Wo kann ich die Strafe zahlen?«

Im nächsten Gebäude, bei der Finanz. Aha.

Man bietet mir noch mal Essen an, wenigstens eine Kartoffel, die sind hier eine berühmte Delikatesse für die Türkei. Ich lehne ab und will lieber weiter.

Der Abschied fällt herzlich aus, ich marschiere ins Finanzamt (?) und kann problemlos cash bezahlen, sogar mit Rabatt von 3,50 Euro. Weil wir so schnell anrücken. Besser ist es, sich nicht erwischen zu lassen!

Ab hier wieder Marbie.

Abends sitzen wir mit den Österreichern zusammen und erfahren erstmals ihre Namen. Wolfgang, Peter (ihr erfahrener Guide), seine Frau Susie und Evelyn, Wolfgangs Frau.

Peter weiß zu erzählen und hat von seinen Touren zahlreiche Bilder auf dem Handy.

Ich fühle mich besser, und fange an, ans Essen zu denken.

Pakzine bringt uns Couscous (Kügelchen aus geriebenem Hartweizengrieß) mit Lauch und Tomaten. Garniert mit Zitronen.

Ich merke, wie hungrig ich bin – nach drei Tagen Salzstangen, Bananen und Brötchen.

Die vier Österreicher haben schon gegessen.

»Passt scho!«

So essen George und ich alles auf, dafür spendiert George Bier.

Ich lasse mich überreden, einen Raki pur (eher Fingerhutmenge) zu trinken, um die Keime abzutöten. Das kostet Überwindung, aber die Bauchkrämpfe nehmen ab. Oder ich bilde mir das ein. Das Zeug schmeckt wie Hustensaft und ist ekelhaft. Ich hasse Anis.

Am nächsten Morgen fahren die vier weiter. Sie haben als Ziel auch den Nemrut Dağı, eine Grabstätte von König Antiochos I., die von Steinköpfen bewacht wird. Vielleicht sieht man sich ja noch mal auf der Tour.

Wir haben sie leider nicht mehr getroffen.

Am **Samstag, 28.05.22,** fahren wir weiter. Als Zwischenziel planen wir Elbistan, mal sehen, wie es läuft.

Elbistan

Herzlicher Abschied von Kamil und Pakzine. Sie verweigert unser Trinkgeld energisch. Auf Facebook zeige ich Kamil meinen Account Marbie Stoner bei Facebook. Er liked ihn, aber bei seinem Account kann ich mich nicht als Freundin outen. Sein Profil ist ähnlich wie meine Marbie-Stoner-Seite, ein Geschäftsaccount.

»See you! Not say goodbye.«

Wir waren eine Woche hier, praktisch, dass Rentner keinen Zeitdruck haben. Ich bin froh, dass mir nicht mehr schlecht ist und ich wieder aufsteigen kann. Aber ein wenig traurig bin ich beim Abschied schon.

Elbistan haben wir als Zwischenstopp ausgewählt, weil die Gesamtroute von knapp 600 Kilometer bis zum Nemrut Dağı zu lang wäre. Jedenfalls für mich. Bis Elbistan sind es 340 Kilometer.

In der Touristenhochburg Göreme verfranze ich mich im Kreisverkehr und fahre auf der zweispurigen Straße knapp 500 Meter als Geisterfahrerin.

Mir sackt das Herz nach ganz tief unten. Zum Glück gibt es den Seitenstreifen, komisch, keiner blendet auf oder hupt. Sie machen sogar Platz.

Kommt das hier öfter vor? Wieso hat die Abfahrt vom Kreisverkehr kein Verbotsschild? Die Straßen kommen wieder zusammen, wo Georg schon wartet.

»Kann vorkommen«, ist sein trockener Kommentar.

»Aber das ist erstens bescheuert und zweitens gefährlich!«

»Das ist es immer.« *Okay.*

Es geht komplikationslos auf der D 300 durch die große und hässliche Stadt Kayseri in Richtung Pinarbaşi weiter. Außer in Kayseri herrscht wenig Verkehr, kaum LKWs, Sonnenschein und 25 Grad.

In Pinarbaşi wechseln wir auf die D 815/D 825 Richtung Göksun, der Tempomat ist in Vollbeschäftigung.

Wir sind inzwischen in die Sanitärwelt der Stehtoiletten bzw. Hock-Klos gewechselt. Toilettenpapier gibt es nicht. Die Entscheidung, stets einige Blätter Klopapier in der Motorradhose zu deponieren, erweist sich als gut. Tadellos sauber, die Spülung führt man selbst durch, mittels Kanister oder Schlauch.

Überhaupt ist es trotz der streunenden Hunde und Katzen überall sauber, nicht eine tierische Tretmine, auf keinen Fall schlechter als bei uns.

An einer Tankstelle mit Trinkpause werden wir von den Insassen eines alten PKWs aggressiv angebettelt. Kein Benzin mehr? Ein Kind auf dem Rücksitz in einem Berg von Kissen schaut mich mit großen Augen an. Die Leute scheinen in dem Wagen zu wohnen ... Kopfkissen, Bettdecken, Einkaufstüten. Wir bleiben standhaft und bekommen dafür ein Lob von anderen Tankkunden. Diese Bettelei war die erste und sollte auch die Einzige bleiben.

Nachmittags fällt uns links eine riesige schwarze Wand über den Bergen auf.
Ups.
Sieht nicht gut aus. George mit seiner Motorradjeans muss schneller in die Regenpelle als ich. Vor uns sind nur einige schwarze Wolken. Es hilft nichts, die Tropfen fallen, in der Ferne die ersten Gewitterblitze. Wir stoppen und ziehen uns

an. Auf die kleinen Straßen Richtung der schwarzen Wand verzichten wir und bleiben auf der D 320.

Der Regen hält sich in Grenzen, mitunter ist die Straße noch trocken geblieben, aber die Blitze haben etwas Erhabenes, was mir jedes Mal Respekt abverlangt.

Kurz vor dem Ziel sehe ich vor mir in einem Meter Höhe vom Boden einen Kugelblitz von rechts kommen und nach links abtauchen.

»Oh Gott!«, schreie ich in den Helm. Der hätte mich doch pulverisiert, oder nicht?

Wir erreichen Elbistan halbwegs trocken, bevor es dann in der Stadt herunterprasselt. Da haben wir das Hotel »Garden« schon bezogen. Eine Unterkunft *ohne* Garten, mitten in der City. Wir werden freundlich begrüßt – wie immer.

»Der Regen ist gut!«, sagt der Mitarbeiter der Rezeption auf Englisch. »Das Zimmer ist sauber und sehr schön.«

Das Gepäck wird hochgetragen, die Maschinen stehen auf der Rückseite des Gebäudes.

Mann - bin ich froh, aus der Regenpelle rauszukommen. Das Doppelzimmer ist geräumig, hat einen Kühlschrank und kostet 30 Euro.

Wir bekommen den Tipp für ein Restaurant. Nicht weit hinzulaufen, aber bis wir es gefunden haben, fragen wir zweimal nach. Ein Einheimischer läuft uns voraus. Das Restaurant ist mehr ein Schnellimbiss, aber gut. Hinterher merken wir, der Name war zwar ähnlich, aber doch nicht derselbe. Ich fühle mich ein bisschen wie ein exotischer Vogel, der sich verirrt hat und angestarrt wird. Südost-Anatolien ist doch eine andere Welt.
George macht sich auf die Suche nach Bier. Das ist nicht so einfach. In den Markets bekommen wir kein Bier. Schließlich hat er Erfolg und kommt mit seiner Beute von 6 Efes-Flaschen zum Hotel zurück.
Schräg gegenüber dem Hotel ist die Moschee. Wenn der Muezzin ruft, klingt es, als singe er neben meinem Bett. Fünfmal täglich ruft er zu festen Uhrzeiten die Gläubigen zum Gebet in die Moschee. Nur nicht zum Sonnenaufgang, da ändern sich die Uhrzeiten je nach Jahreszeit. Logisch, oder? Braucht man keinen Wecker.

Auf zum Nemrut Dağı

Morgens beim Frühstück werden wir auf Deutsch von einer türkischen Dame begrüßt. Verwundert grüßen wir zurück.

Beim Bepacken der Motorräder steht sie dann vor uns und bombardiert uns mit Fragen.

»Sind Sie aus Grönland?« *Hä?*

Unsere Nummernschilder haben *GN*, aber lässt sich daraus Grönland schließen?

Sie ist in Hamburg geboren und hat 30 Jahre in Deutschland gelebt, bevor sie zurück in die Türkei ging, und trägt einen Hijab.

Allahs Wille gegen Atatürks Gebot. Ob Erdogan und seine AKP das auch so sehen, weiß man nicht. Was ein Stück Stoff für weltweite Diskussionen sorgen kann! Meine Großmutter trug in den 60er Jahren Kittelschürze und Kopftuch, sonntags die weiße Schürze. So lang ist das noch nicht her.

Ihr Ehemann kann kein Deutsch, ihre Schwägerin auch nicht, die kein Kopftuch trägt. Sie übersetzt die Fragen, die wir so gut wir können beantworten.

»Wie sind Sie denn auf Elbistan und dieses Hotel gekommen?«

»Es ist ein Zwischenstopp auf der Route nach Nemrut Dağı«, erklärt ihr George. »Das Hotel ist reiner Zufall.«

Na ja, das stimmt so nicht ganz, denn wir hatten die Adresse im Navi eingegeben. Aber das zu erklären, würde zu weit führen.

»Auf dem Nemrut ist es kalt!«, erklärt sie uns.

»Wir haben warme Sachen mit«, antwortet George.

Sie hätte noch bestimmt eine Stunde weiter gefragt, aber ihr Ehemann und ihre Schwägerin werden ungeduldig. Sie fahren nach Malatya. Zum Glück, denn wir wollen ja auch los.

Das Wetter hat sich wieder normalisiert, blauer Himmel, 25 Grad.

Wir wollen die *gelbe* Straße D 46-03 bis Gölbaşi nehmen, dann weiter nach Adiyaman und durch Kahta, südlich des Nemrut Dağı.

Es herrschen mittlerweile 31 Grad. Das Stehen an Ampeln wird zum Saunagang. Bald geht es kurvenreich bergauf. Die Landschaft wird schöner, bunter. Die Gipfel sind bis knapp über 3.000 Meter hoch und es liegt noch Schnee auf den Spitzen. Wir befahren einen namenlosen Pass, zumindest auf unseren Karten.

Die Straße ist gut, die Kurven sind meist übersichtlich, es geht an einer breiten Schlucht vorbei – einfach klasse!

In Gölbaşi dann links ab, die Straße nach Kahta und damit zum Nemrut Dağı ist gut ausgebaut und ausgeschildert. Auch von Kahta, einer kleinen, lebhaften Stadt zum Nemrut Dağı, passt die Ausschilderung, irgendwo geht es links ab und dann wird es richtig schön. Über kleine Straßen und durch ebenso kleine Dörfer stetig bergauf. Die Fahrbahn ist eng und durchgängig mit Verbundsteinen gepflastert.
Die Straße zum Euphrat-Hotel ist schmal, aber gut in Schuss und kurvenreich. Das Hotel liegt mit grandiosem Panorama Blick auf die Bergwelt sehr günstig, kostet 60 Euro mit Frühstück pro Nacht, ein Restaurant mit Bierangebot ist vorhanden. Als Empfehlung gerne weiterzugeben:
www.nemruteuphrathotel.com

Der Ort nennt sich Karadut Köyü Nemrut Dağı, PK 02446 Kahta/Adiyaman. Ein weiteres Hotel gibt es hier übrigens nicht.

Bis zur Spitze des Tumulus (Schotterhügel, der die Grabstätte darstellt) in 2.100 Metern sind es von hier acht Kilometer. Die werden wir morgen angehen. Für heute ist bei mir Schluss, diese Hitze macht mich fertig.

Und ich hatte mich schon auf die Kälte gefreut ... guter Witz. Aber die Frau dachte ja, dass wir aus Grönland kommen.

Blick vom Euphrat Hotel

Tief fliegende Schwalben umkreisen uns, fliegen gezielt in die Zimmer, drehen um und driften wieder raus. Sie nisten oberhalb der Räume in den offenen Fluren und zwitschern nervtötend, vor allem nachts.

Aufstieg zum Tumulus

Es ist Montag, **30.05.2022**. Wir stehen um 07:30 Uhr auf, damit wir nicht in die größte Hitze für die Besichtigung kommen. Es hat morgens schon 30 Grad. Warme Sachen? Guter Witz.

Stöhn.

Entgegen meinem Sicherheitsbedürfnis entscheiden wir uns heute dazu, mit *einem* Motorrad (*Norden*) zu fahren und die Sicherheitsbekleidung außer Helmen und Handschuhen mal wegzulassen. Ich starte in Jeans und Wanderschuhen auf dem Sozius.

Die Straße mit Verbundpflaster zum Gipfel ist einfach sensationell! Ich werde auf YouTube unter meinem Marbie-Stoner-Account die Aufnahmen der Action-Cam im Handbetrieb vom Sozius aus veröffentlichen.

Der Eintritt kostet 2,40 Euro. Wir dürfen mit der *Norden* bis fast zum Gipfel fahren. Von dort aus sind es 600 Höhenmeter zu Fuß auf rentnergerechten Wegen und Treppen mit Steinplatten. George ist schneller. Ich merke die Höhe.

Adler und der König Antiochos I. im Hintergrund

Es weht ein leichter Wind, der die Hitze erträglich macht. Viele lästige Insekten und Käfer aller Art und Güte umschwirren uns. Zum Glück keine Stecher. Wir starten mit der Westterrasse.
Die Skulpturen stammen aus dem Jahr 70 vor Christus. Dafür sind sie gut erhalten. Eine eigenartige Faszination geht von ihnen aus. Die Göttin hat markant herausgearbeitete Lippen. Und das nach so langer Zeit.

Skulpturen, die Antiochos I., Zeus, Tyche von Kommagene, Apollo, Herakles und so weiter darstellen.

Tyche von Kommagene

Der Geröllhügel, oder die angebliche Grabstätte, ist 50 Meter hoch und 150 Meter breit. Ein Grabmal im Innern wurde bisher nicht entdeckt.

Ich denke, das gibt es gar nicht. Sonst hätte die Archäologie das längst ausgehoben.

George trifft auf drei motorradfahrende Italiener, einer fährt ebenfalls eine *Norden* 901. Sie fahren weiter bis Georgien.

Auf dem Rückweg begegnet uns ein Schweizer Ehepaar. Wieder ein lebhafter Austausch. Die beiden sind im Wohnmobil ungefähr dieselben Strecken gefahren wie wir und tragen sogar Bergsteigerschuhe. Die braucht es hier nicht. Nur Ausdauer und Puste.

»Ich habe meiner Frau versprochen, zur Safran-Stadt zu fahren.«

Na, die interessiert mich auch. Safran ist ja so teuer bei uns. Mal schauen, ob George die Stadt findet.

Ich mache mich auf der Rückfahrt als Kamerafrau auf dem Sozius nützlich und filme unsere Rückfahrt mal mit rechts, mal mit links. Mal schauen, wie verwackelt die Aufnahmen werden.

Gegen Mittag sind wir wieder im Euphrat-Hotel. Unser Zimmer ist ohne laufende Klimaanlage angenehm kühl. Das gute Wetter eignet sich zum Wäschewaschen, von Schmutzwäsche haben wir inzwischen eine Tüte voll.

Die Filmaufnahmen sind wider Erwarten brauchbar.

Nachts halten uns die Schwalbenjungen mit ihrem Gezwitscher im Flur wach. Händeklatschen beeindruckt sie nicht.

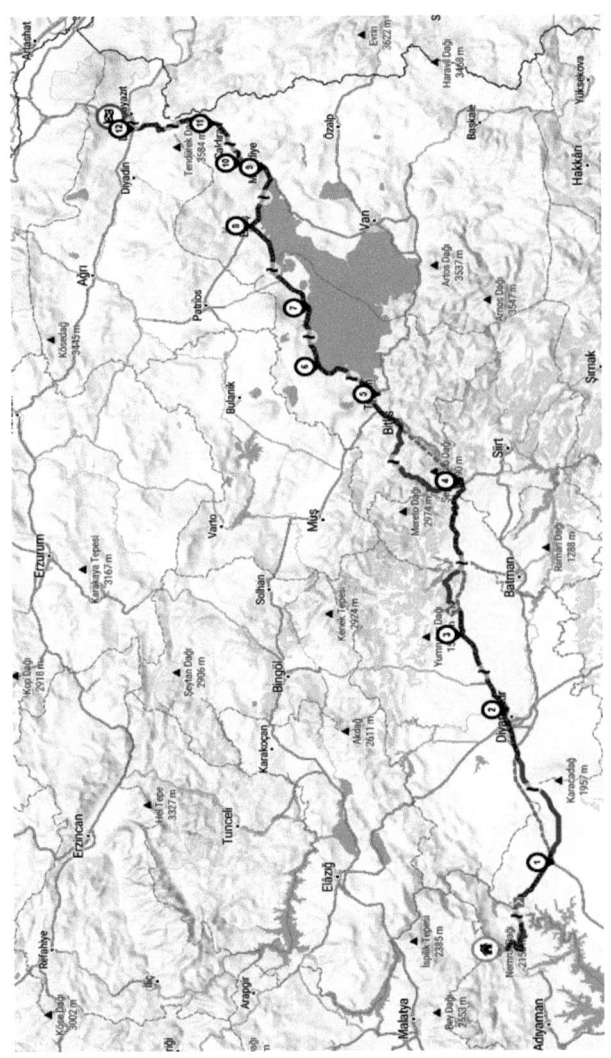

Nemrut Dağı, Van See bis Doğubeyazıt

109

Nach Kurdistan: Tatvan am Van See

Es liegen 391 Kilometer vor uns. Die Strecke ist mir bei der Hitze schon fast zu viel. Beim Losfahren hat es schon 29 Grad, im Laufe des Tages werden es laut Thermometer an der *Tiger* 32,5 Grad. In Pausen schütte ich mir Wasser auf Kopf, Nacken und Rücken, sogar die Ärmel tränke ich. Deshalb schauen wir, wie es läuft.

Im ungünstigen Fall nehmen wir ein Hotel, dass am Wege liegt, vielleicht in Silvan? Für circa eine Stunde hält die Klimaanlage in der Jacke. Die Trinkmenge mit drei Litern schaffe ich locker, ohne häufig pinkeln zu müssen. Überhaupt sollte man die Urinfarbe beim Wasserlassen begutachten. Verfärbt sie sich ins Braune, ist das Trinken überfällig!

Bis Siverek befahren wir eine gut ausgebaute Bergstraße und überqueren eine ansehnliche Brücke über den Euphrat. Schattenplätze entlang der D 360 sind rar bzw. nicht vorhanden.

Die Landschaft präsentiert sich mit karg bewachsenen Bergen in graubrauner Steppe. Etwas öde und unspektakulär.

Besorgniserregend ist der flüssig gewordene Teer auf der rechten Fahrspur.

Das weckt gruselige Erinnerungen bei mir, ein Unfall in 2014 auf nassem Bitumen, praktisch ein Lowsider, der zum Glück wegen freien Geländes nur zu einem Schlüsselbeinbruch rechts gereichte. Ich möchte mir diesen Belag nicht bei 40 Grad vorstellen!

Ab Siverek nehmen wir wieder die Schnellstraße (360). Es geht über eine Hochebene – gilt für den ganzen Tag – die Bergwiesen sind mit braunen Felsbrocken gesprenkelt, überall sieht man kleine und größere Viehherden (Schafe, Ziegen, Rinder), die sich an den grün-gelb-bunten Pflanzen laben. Ab und an mal ein kleiner See oder Tümpel. Die hohen Berge weichen langsam aus dem Blickfeld.

Diyarbakir liegt auf einem Hügel und ist schon von weitem erkennbar. Es ist eine große, moderne Stadt.

Hier wurde am 27.11.1978 die kurdische Arbeiterpartei PKK von Abdullah Öcalan gegründet. Öcalan sitzt seit 1999 lebenslang in Haft. Der bewaffnete Krieg dauerte von 1984 bis zu seiner Festnahme.

Wir fahren auf der linken Spur und werden natürlich rechts überholt.

Das Erlebnis des Tages: die Einladung eines festen Polizeipostens zum Chai und klimatisiertem Sitzen in einem Container in Solhan. Die Straße ist einspurig durch Pylonen abgesperrt.

George fährt rechts rein, ich links vorbei und halte. Schau mir das Ganze im Spiegel an. George steigt ab.

»Komm, Chai trinken!«

Okay, keine Kontrolle im eigentlichen Sinne, sondern Verlangen nach Unterhaltung und Informationen. Hinter dem Posten steht ein Container. Ein Polizist stellt sich vor, was ungefähr so klingt:

»Ich bin Mehmet, das ist mein Büro. Es ist klimatisiert. Willst du reinkommen?«

Na klar. Sehr angenehme Raumtemperatur! Wir ziehen die Jacken aus und bekommen Chai und ein verpacktes Plastiktässchen mit kaltem Wasser serviert. Es sind jetzt sechs Personen in dem Raum, eine junge Polizistin lächelt unsicher und tippt auf ihrem Handy herum.

Der Polizist, der etwas Englisch spricht, hat ein Gewehr an seiner Seite, was er keine Minute loslässt.

Ich verstehe zwar nichts von Waffen, aber ein Maschinengewehr ist es nicht, sondern sieht eher wie die Jagdflinte meiner Schwester aus. Das Militär ist sicher besser ausgerüstet.

»Ich bin in Dortmund geboren, mit vier Jahren in die Türkei zurückgereist.«

Die Konversation übernimmt George. Natürlich aus Respekt vor der Frau.

grins*

Sie wollen wissen, was die Motorräder in Deutschland so kosten, wie teuer der Sprit bei uns ist, welchen Beruf wir ausüben, wie alt wir sind und wo wir hinfahren. Mein Beruf der Krankenschwester erhält hohen Respekt. Meine Erklärung, dass ich ein Pflegeheim geleitet und nicht im Krankenhaus gearbeitet habe, wird nicht verstanden. In der Türkei sind Pflegeheime nicht üblich, allenfalls ambulante Dienste.

Dann geht es zu Fußball und Superbike-Motorrad- rennen. Der Weltmeister von 2021 ist Türke und heißt Toprak Razgatlıoğlu. George wetzt seine Scharte vom Fußball-Nichtwissen wieder aus.

»Sehr guter Fahrer«, sagt er. Als die Konversation schwieriger wird, hilft die junge Polizistin mit dem Übersetzer auf dem Handy aus.

»Enjoy your meal!«, platzt sie dazwischen.

Okay?

Alle lachen los, auch wenn sich die Gründe für das Gelächter unterscheiden. Es erinnert an den Teppich, den man nicht kaufen will.

Nach dreißig Minuten ist mit den wenigen Vokabeln alles gesagt und wir stehen auf.

Meine Motorradjacke wird wegen der Protektoren bewundert. Ein Polizist klopft mir auf den Rückenprotektor. So viel zum Respekt vor der Frau.

Ich vermute, dass die Ursache für die Informationsgier von der zensierten türkischen Presse stammt. Bei unserer Rückkehr wurde bekannt, dass Erdogan den Server der Deutschen Welle abschalten ließ, weil keine Lizenzen vorliegen. Lizenzen bedeuten indes Zensur.

Gespräche mit Touristen bringen den Einheimischen authentischere Informationen über das Leben im Ausland, insbesondere in Deutschland, als die türkischen Nachrichten.

Wir fahren weiter und quasi ohne Schatten die ganze Zeit über diese Hochebene. Hier lohnt ein Stopp nicht. Die vielen Lkws und Baustellen machen es nicht besser.

Pausen in dieser Hitze unter sengender Sonne sind nicht angenehm, so geht es wenigstens zügig voran.

Die Landschaft ändert sich 50 Kilometer vor Tatvan wirklich spektakulär. Das ist wieder meine Welt!

Es wird grüner, die Berge sind dicht bewachsen, die Straßen mitunter deutlich schlechter, wenn sie von zweispurig auf einspurig wechseln. Die Temperatur sinkt von 32 Grad auf angenehme 23 Grad! Georges Handy hat sich wegen der Hitze komplett ausgeschaltet – für das Finden des Hotels in der Innenstadt der denkbar schlechteste Zeitpunkt.

Echt jetzt, von Calimoto und von Handynavigation halte ich überhaupt nichts! Ist aber gerade modern. Ein Handy ist ein Handy. Ein Gerät für alles?? Quatsch.

Wir halten an einer Tankstelle und starten es neu. Dazu muss George das Passwort vom Tablet abfragen, und das ist in der Packrolle. Es lässt sich wiederbeleben und die Route ist verfügbar.

Ich bin erleichtert, sonst hätte ich vorfahren müssen. Und das hasse ich.

Der Verkehr in den Innenstädten ist, wie schon beschrieben, dicht. In Tatvan scheint sich das Leben auf den Straßen abzuspielen. Hier laufen die Fußgänger kreuz und quer, der Verkehr staut sich, die Autos parken in zweiter Reihe, dazwischen Roller- und Radfahrer. Ein gefühlt endloses Schleichen im ersten Gang mit schleifender Kupplung und ausreichend Staubentwicklung. Und dann soll ich ein Hotel finden!

Das »Tasar Royal-Hotel« (4 Sterne) hat ein Restaurant im 7. Stock, sogar einen Hamam (türkische Sauna), sollte einem die Hitze nicht groß genug sein. Die Übernachtung im geräumigen Doppelzimmer kostet 38 Euro mit Frühstück. Das Essen im Restaurant ist klasse. Für das Geld sind vier Sterne bezahlbar.

http://tasarhotel.com/

Wir haben nicht reserviert, kein Problem. Das Zimmer hat Blick auf den See. Eine Schule mit eigener Moschee liegt direkt gegenüber. Der Parkplatz liegt hinter dem Hotel, George fährt beide Maschinen dorthin.

Ich bin restlos fertig und will nur noch unter die Dusche. Alkohol gibt es nicht! Auch in den anderen Locations nicht.

Aber George geht wieder auf die Jagd und findet einen Market mit dem Erkennungszeichen leerer Tuborg- oder Efes-Bierkästen vor der Tür. Stolz präsentiert er mir seine Beute. Klar, früher brachten die Männer den Frauen Felle, heute ist es Bier.

Wir verlängern die Buchung um eine Nacht. Vormittags wandern wir das kurze Stück zum See und sitzen am Ufer. Es ist wunderschön hier.

Wir brauchen einen Ruhetag. George hat letzte Nacht schlecht geschlafen, ich merke meinen Rücken und meine Kniegelenke. Aber sonst ist alles gut.

In der Stadt gibt es eine große, mit Stacheldraht abgeschirmte Kaserne. Ansonsten sehen wir keine Militärpräsenz. Beim Verlassen der Stadt entdecken wir eine zweite Kaserne hinter Mauern und Stacheldrahtrollen.

Tachostand am 01.06.2022: 20.162
Gesamt gefahrene Kilometer der *Tiger*: 4.497

Östlichster Punkt unserer Reise

Um 09.30 Uhr sitzen wir bei 19 Grad wieder auf. Die Seitenstraßen bei der Auffahrt auf die Hauptstraße sind reichlich steil. Am Berg mit Fußbremse anzuhalten, wenn das Gewicht von Koffer und Packrolle kräftig nach hinten zieht, ist mir ein Gräuel. Und dann würge ich die *Tiger* auch noch ab. Der größte Stress ist das Ankommen in einer Stadt mit Hotelsuche.

Wir kommen gut aus der Stadt heraus, es geht jetzt etwa 160 Kilometer, mal nahe, mal fern, am Seeufer entlang. Wir fahren am Nemrut Dağı vorbei – nein, kein Déjà-vu – hier gibt es einen erloschenen Vulkan, mit gleichem Namen und 2.935 Meter hoch.

Adilcevaz liegt schön am Vansee, eine Burg thront oberhalb des Ortes und der 4.434 Meter hohe Süphan Dağı überragt mit seinem weißen Gipfel Burg und Stadt. Eris liegt am anderen Ende des Sees, eine große und lebhafte Stadt. Dank einer Straßensperrung fahren wir durch kleine, belebte Nebenstraßen. Für mich kein Genuss.

Schöne Rastplätze gibt es leider nicht, wir pausieren an einem verlassenen Verkaufsstand, um etwas Schatten zu haben.

Kurz vor Muradiye verlassen wir den Vansee und fahren Richtung Doğubeyazıt und damit Richtung Iran, dessen Grenze hier ausgeschildert ist. Die Gegend wird jetzt schroffer, die Berge sind höher und die Straßen schlechter. Dazu etliche Baustellen und deutlich mehr Militär- und Polizeipräsenz. Wir werden nur einmal kontrolliert und auch das geht schnell: Pass vorzeigen und wir können weiterfahren.

Die Straße führt durch eine hohe, schroffe Bergwelt, wir überqueren den vierspurigen Tendürek-Pass auf 2.660 Metern.
Ohne Schild hätten wir ihn glatt übersehen. Ob diese breiten Straßen strategische Gründe haben? Panzer passen hier deutlich besser durch als in den Alpen.

Nach der Passabfahrt präsentiert sich dann der schneebedeckte Gipfel des Berges Ararat. Wir legen an einem kleinen Dorf einen Fotostopp ein. Die Behausungen hier erinnern an unsere Reise in Kirgistan, getrockneter Dung wird hier sowohl zum Verfestigen der Hofmauern wie auch als Heizmittel genutzt.

Der Asphalt auf der rechten Spur ist streckenweise wieder glänzend schwarz, und das bei den moderaten 24 Grad! Bei Regen möchte ich diese Straße nicht fahren.

Der erloschene Vulkan Ararat.

Doğubeyazıt auf 1.625 Metern ist dann ganz anders, als ich es mir vorgestellt habe. Kein Touristenort am Ararat, sondern eher eine grenznahe Stadt zum Iran, die vom Schwerlastverkehr profitiert.

Sie ist ein Hauptdurchgangsort für Iran-Reisende, die den Grenzübergang Gürbulak-Bazergan ins Nachbarland benutzen (rund 35 Kilometer von der Stadt Doğubeyazıt, entfernt).

Der Bürgermeister gehört der *HDP* an (Halklarýn Demokratik Partisi, eine kurdische Partei, die im Parlament mit 56 von 600 Abgeordneten sitzt).

Möglich, dass es hier Alkohol zu kaufen gibt. Die Hotelsuche – nee, was haben wir uns im Kreis gedreht! Und George legt auch noch die *Norden* ab, als er beim Abbiegen einen Pkw übersieht und in die Handbremse greift. Der Klassiker!

Der Koffer hat das Schlimmste verhütet und die Maschine steht schnell wieder, aber so einen Stress braucht kein Mensch. Erst im dritten Anlauf sehen wir beide das Hotelschild.

Wahrscheinlich glotzt man zu fixiert auf das Navi. Noch 150 Meter ... 100 Meter ... 20 Meter und rechts ... Mist! Schon wieder vorbei! Die nächste Ehrenrunde gedreht.

Georges Navi hätte es überhaupt nicht gefunden. Wenn wir das mit dem Vier-Sterne-Gebäude in Tatvan vergleichen, wo wir den gleichen Preis bezahlt haben, kommt das hier nicht mit. Als

Entschädigung trinken wir Efes-Bier – das gibt es in diesem Hotel.

Ab da geht es zunächst nördlich an der armenischen Grenze entlang und danach westwärts an der Schwarzmeerküste Richtung Heimat.

George macht Bekanntschaft mit einem Österreicher, der mit einem sandfarbenen Mercedes Unimog mit Tarnnetz nebst gleichfarbiger Royal-Enfield-Himalayan-400 hier gelandet ist.

Ursprünglich wollte er in die Mongolei, aber Russland hat die Grenzen dichtgemacht. Falls wir eine Tour planen, würde er sich uns gerne anschließen, aber ein Tag ist hier völlig ausreichend. Den Ararat haben wir bewundert und mehr der Ort gibt für uns nicht her.

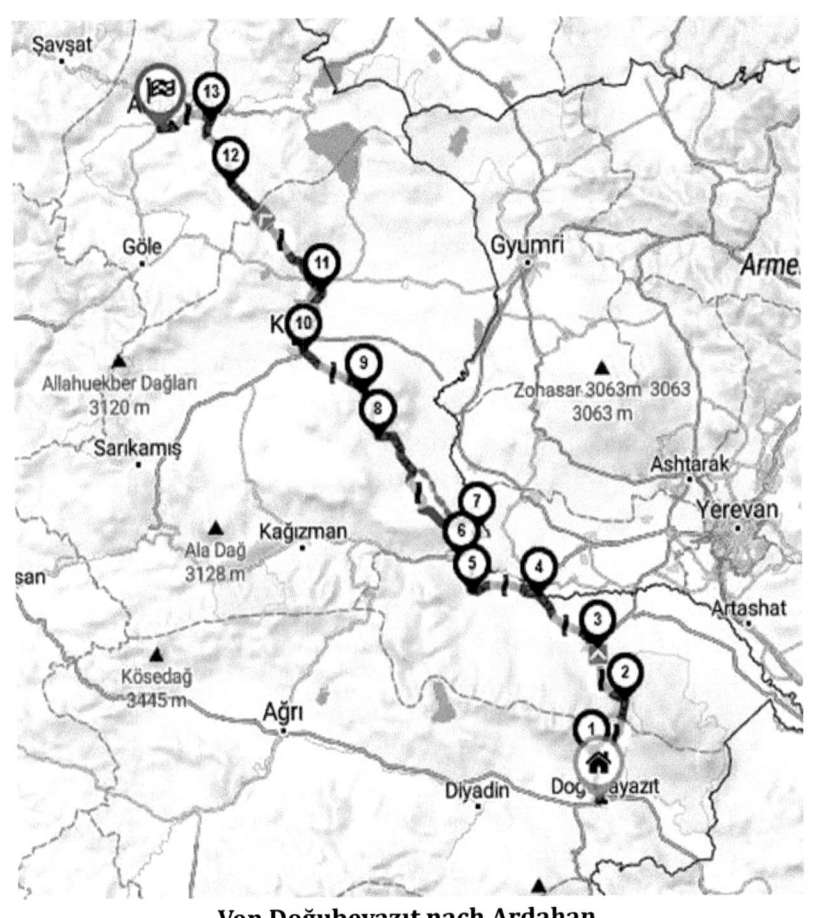

Von Doğubeyazıt nach Ardahan

Nach Ardarhan – 1.811 Meter hoch

Wir fahren heute mal so, wie im Dezember 2021 geplant. Als wir starten, ist es etwas bewölkt und nicht mehr so heiß wie die Tage vorher. Wir fahren Richtung Igdir. Nachdem wir in Doğubeyazıt etwa 35 Kilometer von der iranischen Grenze entfernt waren, nähern wir uns nun der armenischen auf 15 Kilometer!

Zunächst begleitet uns der Ararat, bevor dieser nach und nach aus den Rückspiegeln verschwindet. Wir überqueren zwei über 2.000 Meter hohe Pässe, fahren links im Ort auf die D 975, in Igdir wechseln wir auf die D 080 und D 070, in Kars auf die D 36-01 und D 963. Insgesamt sind 276 Kilometer zu fahren.

Die Straßen sind nahezu menschenleer. Es geht heute den ganzen Tag über eine Hochebene. Ab und zu fahren wir in meist weiten, manchmal auch engeren Kehren in ein kleines Tal.

Das sind dann die größeren Städte auf unserem Weg. Die Landschaft ist oft grün, durchsetzt mit Felsbrocken und Wildblumen oder Kräutern. An manchen Stellen wird es etwas schroffer, die Oberfläche wird dann von Spalten und Wellen geprägt.

Dabei präsentieren sich die Berge in allen Rot-, Gelb- und Brauntönen. An einem Militärposten müssen wir halten. Für die Konversation sorgt George. Der Soldat im Flecktarn schaut zu mir, als ich den Helm hochklappe.

»*Bayan?*«, fragt er meinen Gatten. »*Mashallah!*«

Ich nicke huldvoll und strahle ihn an. Wer lacht, zeigt anderen die Zähne.

Bayan heißt auf Türkisch »Frau«.

»Mashallah« ist ein arabischer Ausruf, der sinngemäß auf Deutsch

»Wie Gott wollte«,

»Was Gott wollte« oder

»Wie es Gott beliebte« bedeutet.

Exakt übersetzt bedeutet es: »Was Allah wollte, ist eingetreten«. Sinngemäß kann es als Aussage »Gott wollte es so« verstanden werden. Kurz gefasst kann es mit »großartig« übersetzt werden.

Quelle:

https://www.bedeutungonline.de/was-bedeutet-mashallah/

Na, wenn das mal kein Lob ist. Geht ja runter wie Öl. Allah will, dass ich Motorrad fahre!

»Du gefällst ihm«, sagte George. Nachdem er seinen Ausweis vorgezeigt hat, können wir weiterfahren. Chai haben die Militärs nicht im Angebot.

Dieses Mal toppt Georges Navi bei der Hotelsuche. Auf Anhieb findet er das »*Kuzey Yildiz-Hotel*«, fünf Kilometer außerhalb vom Zentrum.

Es ist ein Drei-Sterne-Hotel, was schon von außen einen luxuriösen Eindruck vermittelt. Die Übernachtung kostet 32 Euro. Wenn man das unterschiedliche Preisniveau bei unterschiedlichen Ausstattungen vergleicht, haben wir hier wieder einen Glückstreffer gelandet.

www.kuzeyyildiziotel.com.tr

Auf den Hotelvermittlungsplattformen im Internet wie www.TripAdvisor.de, Hotel.com usw. kostet es gleich 400 TL mehr. Es lohnt sich, während der Nebensaison die Locations spontan anzufahren. Ein Zimmer für zwei Personen klappt immer.

Das Restaurant hat zwar noch nicht geöffnet, aber die Rezeption bestellt uns zwei Döner und bringt sie aufs Zimmer. Auch Bier können wir kaufen.

Und es kommt noch besser:

Hier, am nordöstlichsten Zipfel der Türkei -

126

gibt es Weihenstephan-Weizenbier. Kaum zu glauben!

Morgen, **04.06.22,** sind wir vier Wochen unterwegs.
Abends geht wieder ein kräftiges Gewitter runter, zeitweise fällt der Strom aus.

Wieder Zwangspause in Ardahan

Mal wieder Durchfall. Gestern fing es an, war aber kontrollierbar. Heute Morgen, 04.06.22 ist klar, dass ein Weiterfahren nicht möglich ist. Aufenthalt um eine Nacht verlängert, den Tag im Hotelzimmer mit Wasser und Keksen verbracht. George hat auch einen leichten Flotten, will aber bis zur georgischen Grenze fahren. Und vermutlich dort rüber, damit er dieses Land auf seiner Liste für sich abhaken kann.

Hier schreibt George:

Ich nutze den Tag für einen kleinen Abstecher zum Grenzübergang nach Georgien. Der ist knapp 60 Kilometer von hier entfernt, malerisch an einem See gelegen, wenn nicht die kilometerlange Schlange von LKWs das Bild stören würde. Die Anfahrt führt über zwei Pässe, die mehr als 2.000 Meter hoch sind, einer davon sogar schön kurvig.

Das wird aber nicht mehr lange so bleiben, es werden schon zwei Tunnel durch den Berg getrieben. Ich fahre die circa 5 Kilometer an den LKWs vorbei bis zur Grenzstation. Am Autoschalter ist nichts los! Ja, warum dann nicht nach Georgien reinfahren?

Der Gedanke ist noch nicht zu Ende gedacht, da stehe ich schon vor dem Grenzbeamten. Eine halbe Stunde später und nach dem Abschluss einer Versicherung für 15 Tage (ca. 9 Euro) bin ich in Georgien. Wow!

Ich bleibe zunächst auf der Hauptstraße, die mal gut, mal weniger gut und mal richtig schlecht ist. In Kartikami versuche ich, nach Gefühl eine Straße zurück zur Grenze zu finden. Dabei durchfahre ich kleine Dörfer und noch kleinere »Straßen«, die mir und meiner Norden 901 einiges abverlangen. Schlammdurchfahrten, Geröll, Spurrillen – abenteuerlich!

Aber leider nicht zielführend, mein Navigations-system zeigt zwar Straßen an, aber die enden in Wiesen, Flüssen oder sonst wo. Irgendwie finde ich zurück auf die Straße, auf der ich hergekommen bin, dann weiter zur Grenze. Die Ausreise gestaltet sich etwas aufwändiger, der Beamte lässt sich zunächst Zeit, kontrolliert das Kennzeichen gewissenhaft, anschließend die Fahrgestellnummer.

Dann hat er Fragen zum Pass, danach wieder zum Motorrad: welcher Hersteller – KTM. Das muss ich ihm im Fahrzeugschein zeigen, dann will er es auch auf der Norden sehen. Na, so komme ich mal dazu, das Typenschild zu suchen.

Als der Beamte mich weiterreichen will, finde ich das Typenschild. Ich rufe ihn zurück, wische den Schlamm beiseite, sodass der Hersteller lesbar wird. Das reicht dem Grenzbeamten dann, ich bekomme alle Stempel und darf endlich wieder in die Türkei einreisen. Kurz bevor die schon deutlich zeigende Gewitterfront sich zum ersten Mal entlädt, komme ich im Hotel an.

Straße in Georgien

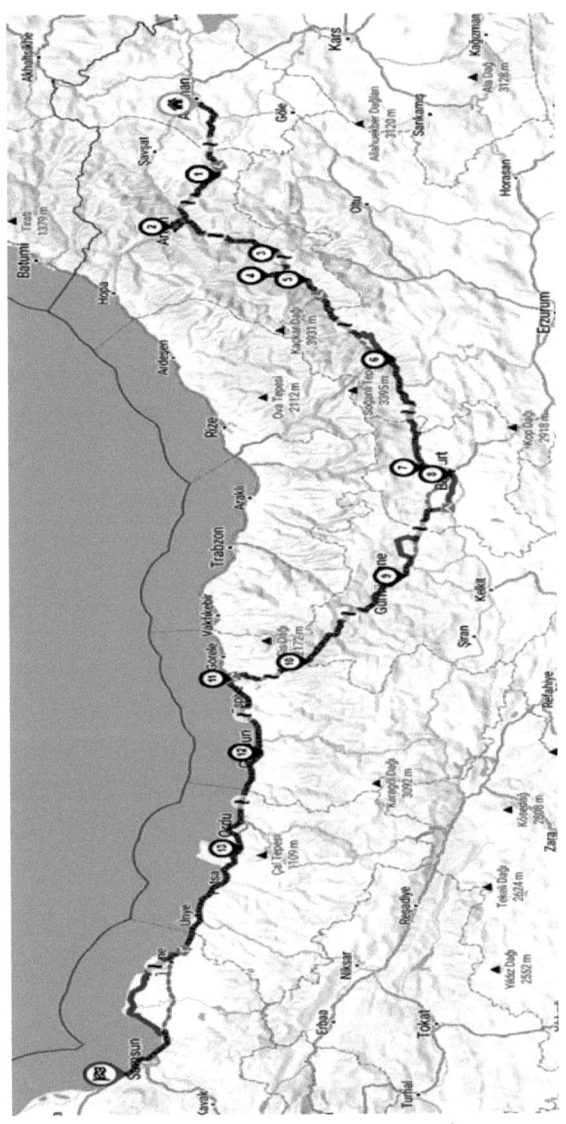

**Von Ardahan nach Samsun /
Schwarzmeerküste**

131

Weiter nach Yusufeli

Die Fahrt führt durch das Kaçkar-Gebirge, aus diesem Grund hat George den Ort ausgesucht. Er wirkt auf der Karte so winzig klein, dass ich skeptisch bin, ob da überhaupt eine Möglichkeit zum Übernachten ist.

Bevor wir losfahren, kommt am Hotel ein slowakisches Pärchen auf einer Africa-Twin an. Sie haben große Strapazen hinter sich, die Sozia musste absteigen und acht Kilometer zu Fuß laufen, weil die Straße eigentlich keine Straße war, sondern ein Geröllhaufen mit Rinnen und Schnee. Er zeigt uns Fotos. Ich bin schwer beeindruckt und werde das mit George klären. Das ist nichts für mich.

Wir fahren zunächst die D 0805, dann biegen wir auf die D 950 ab. Die Temperatur von 25 Grad ist angenehm, auf dem Bülbülan-Pass in Höhe von 2.581 Metern weht es bei 19 Grad frisch.

Die Aussicht auf das weitläufige Gebirge ist fantastisch. Der Gebirgszug heißt Kaçkar oder »kleiner Kaukasus«.

Die Fahrt führt uns am Fluss Coruh entlang, der mit seinem grünen Wasser einen reizvollen Kontrast zu den braunroten Felsen bildet.

Auf einem schattigen Parkplatz in der Schlucht lernen wir ein deutsches Paar auf einer Africa-Twin mit Berliner Kennzeichen kennen. Sie haben die Maschine in Armenien abgeholt und bringen sie nach Deutschland zurück. Sie stand dort seit 2019, die Grenzen waren ja geschlossen.

Parkplatz in der Schlucht

Erstaunlich, mit wie wenig Gepäck, trotz Zelt und Sozia, die beiden reisen. Es wird eine halbe Stunde palavert, die Adressen ausgetauscht und alles Gute gewünscht.

Bis hierhin war alles gut. Dann wird es kompliziert. Kilometerlange Baustellen, Tunnel- und Straßenbau. Ein unübersichtliches Gewirr und unbekannte Straßen für die Navis.

Wir fahren durch unbeleuchtete Tunnel mit Warnschildern, werden durch die vorbei-preschenden Lkws zugestaubt. Die Temperatur ist auf 35 Grad gestiegen.

Den Abzweig nach Yusufeli verpassen wir und landen in einer Sackgasse mit Sandbelag an einer Baustelle. Die Bauarbeiter sind so nett und erklären uns die Richtung, die wir nehmen müssen. Nach dem Tunnel rechts abfahren. Als Attraktion lege ich beim Wendeversuch meine Maschine mal wieder nach rechts ab. Sie helfen uns beim Aufrichten und spendieren zur Beruhigung einen Orangensaft.

Ich bin schon so geschafft, dass noch nicht mal mein Stolz verletzt ist, zumal mir gar nicht klar ist, wieso ich die Karre überhaupt abgelegt habe. Wahrscheinlich in ein Loch getreten und gekippt.

Wie das halt so kommt mit Koffern und Packrolle.
Man wird zum Passagier.

Wir finden den Abzweig nach Yusufeli, aber die
Sache wird nicht besser. Die beschriebene Pension
mit Campingplatz findet der TomTom nicht. Anstatt
zurück in die Stadt zu fahren, beschließen wir, den
nächstgrößeren Ort, Ispir, anzufahren. Das sind
noch 87 Kilometer! Und es ist schon 15:00 Uhr und
hat 35 Grad. Na klasse. Die Straße ist eng,
geschottert und scheint nirgendwo hinzuführen.

Das TomTom will links abbiegen auf eine
Fußgängerbrücke. Nein, danke, selbst George
schüttelt den Kopf.

Als wir meinen, wir hätten endlich eine gute Straße
erreicht, müssen wir bald feststellen, dass wir auf
einer Riesenbaustelle mit neuen Tunneln sind.

Wir fahren zehn Kilometer durch unbeleuchtete
Tunnel im Bau in die eine Richtung, dann zurück
und noch mal drei bis fünf Kilometer in die andere
Richtung, ebenfalls Ende, es geht nicht weiter.
Zurück, um dann eine Baustellenausfahrt hinauf in
einen Retorten-Ort zu nehmen. Auch hier mehr
Baustelle als Straße, aber weit unten ist eine
»normale« Straße zu sehen. Also runter!

Hier war dann definitiv Schluss.

Aber die D 050 ist eine Single Road! Die Autos haben Mühe, aneinander vorbei zu kommen. Überholen ist nicht möglich, so daddeln wir im ersten Gang zehn Minuten hinter einem PKW her, bis er uns gütiger Weise vorbeilässt. 87 Kilometer auf einer Single Road? Das kann ja dauern. Und Tankstellen hat diese Straße nicht.

Bei mir leuchtet die Reserve, wenigstens haben wir noch Trinkwasser im Koffer.

Im Nirgendwo

Eine gefühlte Ewigkeit später wird aus der Single Road eine zweispurige Straße, jetzt läuft es besser.

Erneut geht es am Fluss Coruh vorbei und wird wieder kurvenreich.

Die Felsen sind jetzt steil und schroff, einige malerische Schluchten werden durchfahren. Dazu geht es ständig rauf und runter, schön, aber anstrengend.

Ich jubele unter dem Helm, es geht voran. Der Wind ist krachtig, stellenweise muss ich stark dagegenhalten.

Mit der BMW-Twin wäre das ein Problem, doch die Triumph liegt wie ein Brett auf der Straße.

Dabei fühlt sich die Luft an, als blase einem ein Föhn ins Gesicht. Und ich fahre schon lange auf Reserve! Mein Stresspegel schnellt nach oben.

Gegen 19:30 Uhr kommen wir kurz vor dem Dunkelwerden mit leerem Tank und Magen in Ispir an. Das »Grand Ispir Hotel« finden wir schon nach kurzer Suche. Die Übernachtung kostet 18 Euro, wir bleiben zwei Nächte. Morgen fahre ich kein Motorrad. Gegen 20:30 Uhr ist es stockdunkel. Ispir liegt auf 1.230 Metern, dennoch sind es 35 Grad und es kühlt nachts nicht sonderlich ab. Ich bin so müde, dass ich kein Essen mehr brauche, obwohl ich nur gefrühstückt habe.

Am nächsten Morgen treffen wir zwei deutschsprachige Türken beim Gang durch die Stadt.

Sie kommen aus Berlin und unser Outfit entspricht dem des klassischen Touristen. Ich mit Sonnenschlapphut und Sonnenbrille, George mit seiner Sonnenkappe.

»Touristen?« Wir lachen.

»Nein, wie kommt ihr denn darauf?« Die beiden kommen aus Berlin und machen hier Urlaub. Sie besuchen ihre Verwandtschaft.

Nachdem wir geklärt haben, wo es hier Bier zu kaufen gibt und wo die nächste Tankstelle ist, verabschieden wir uns wieder. Echt klasse.

Ispir Hauptstraße. Blick vom Hotel.

Nach Tirebolu ans Schwarze Meer

Das werden heute wieder 300 Kilometer. Die See ruft. Trabzon werden wir großräumig umfahren. Beim Packen vor dem Hotel werden wir wie gewohnt umringt. Ein Mann fragt mich, wie alt ich bin.

»64.«

»*Mashallah!*« Ich denke, es ist ein Kompliment. Aus Respekt vor der Frau.

»Du scheinst gut anzukommen«, meint George. Motorradfahrende Frauen sind hier eine Seltenheit.

Ab zur Tankstelle. Dann starten wir auf die D 050 Richtung Bayburt. Ein geniales Sträßchen, welches sich eng und kurvenreich durch den »kleinen Kaukasus« windet. Die Temperatur ist gegenüber den letzten Tagen etwas gesunken, so ist die Fahrt ein Genuss.

In Bayburt wandelt sich die D 050, wird zur E 97 und damit wieder breit und meist vierspurig.

Bei der Rast an einem Café an einer Tankstelle fragt uns ein Türke, woher wir kommen.

»Alemania«.

Er redet in perfektem Deutsch mit uns.

Er hat 30 Jahre in Hessen in Friedberg/Bad Nauheim gearbeitet und mit Renteneintritt zog es ihn zurück in die Türkei. Seine Kinder leben in Deutschland in der Nähe von Solingen. Er lädt uns ein, ihn beim nächsten Mal in Bayburt zu besuchen. Herzliche Verabschiedung, er wünscht uns eine gute Reise.

Hinter Bayburt wechseln wir auf die D 885, dann auf die D 877. Die Straße ist wieder vierspurig und ich starte den Tempomat.
Die Kurven sind weit und flüssig zu fahren. So bleibt es bis Gümüşhane. Nur, wir sehen von der Stadt fast nichts, da sie komplett untertunnelt ist. Bis Torul fahren wir durch weitere Tunnel. Die Berge sind ein Fuchsbau!

In Torul biegen wir auf die D 877, jetzt werden die Kurven wieder etwas enger, das Geläuf führt durch ein schmales Tal am Fluss Harşit Cayi entlang bis Tirebolu, einer am Schwarzen Meer gelegenen kleinen Hafenstadt.
Wir ziehen vorbei an einigen Stauseen, die Temperatur sinkt und Wolken ziehen auf. Dazu gesellt sich ein starker, böiger Wind, der so manche Linie vermasselt. Etwa 50 Kilometer vor Tirebolu

kommt leichter Nieselregen dazu. Irgendjemand hatte uns erzählt, dass es am Schwarzen Meer immer regnet, und es scheint sich zu bewahrheiten. Es bleibt bei leichtem Regen und George stoppt nicht, um die Regenkleidung anzuziehen. Es sind nur 50 Kilometer.

In Tirebolu hat mein TomTom das »Marina-Hotel« eingespeichert, das peilen wir an. In Tirebolu finden wir das Hotel nicht sofort, kurven ein wenig herum und der TomTom steigt aus. Will links abbiegen, wo es keine Straße gibt. Es sollen ja schon Fahrer ins Wasser gefahren sein, weil sie ihrem Navi blind vertrauen ...

George geht zu Fuß los und kommt lange nicht zurück. In der Zwischenzeit kommen einige Neugierige und bewundern unsere Maschinen. Vor allem die Action-Cam hat es einem angetan. Dann sehe ich, dass wir verkehrt herum vor einer Einbahnstraße stehen.

George kommt zurück und hat zwei Nächte gebucht. Und natürlich fahren wir falsch in die Einbahnstraße und dann auf dem Bürgersteig weiter, bis wir vor dem Hoteleingang stehen. Das finden hier alle normal.

Ein Hotelgast begrüßt mich mit: »Guten Tag!«

»Er hat schon bei der Anmeldung geholfen, hier kann niemand Englisch«, sagt George.

Wir beziehen ein schönes Zimmer mit zwei Singlebetten, Blick auf den Platz mit einem vergoldeten Denkmal von Kemal Atatürk. Im Hintergrund sind als Reliefs Kriegsszenen aus dem Ersten Weltkrieg zu erkennen. Atatürk gibt mit ausgestrecktem rechten Arm und Zeigefinger die Richtung vor, die linke Hand steckt in der goldenen Hosentasche.

George findet wieder einen Laden, der Bier verkauft, allerdings fehlen die Leergutkästen.

Stattdessen steht an dem Market: *Viski!*

Na, wenn das kein Hinweis ist.

Um 20:00 Uhr wird es langsam dunkel. Unsere Location für das Abendessen ist sehenswert. Direkt am Hafen, mit felsigen Naturstufen zu den Tischen, in Gesellschaft von hungrigen, dreisten Möwen und Katzen. Es gibt hier frisch gefangenen und gegrillten Fisch unbekannter Gattung. Vom Aussehen einer Forelle ähnlich. Endlich kein Köfte, Kebab und Döner. Und das Beste: Es gibt Bier. Das ist so super, dass wir das am nächsten Tag wieder ausprobieren werden.

Hafen Tirebolu. In Bildmitte unten das Restaurant.

Der Mittwoch gestaltet sich mit Gewittern und kräftigen Regenfällen am Nachmittag eher im Hotelzimmer. Die Berge sind in den Wolken verschwunden, es ist schwülwarm.

George lässt seine Brille erfolgreich beim Optiker reparieren. Ein Glas war bei seinem Georgien-Abstecher herausgefallen.

144

Das konnte George zwar retten, aber nicht die Schraube für den Bügel. Also sind wir mit Nähzeug und Bindfaden zu Werke gegangen. Das war eine knifflige Operation, die zum Erfolg führte, er konnte immerhin wieder mit zwei Gläsern schauen. Auf Dauer aber zu unsicher.

In fünf Minuten ist diese Aktion erledigt, neue Schraube, fester Bügel und null Kosten.

Sichel mit Blick von der Burgruine auf die Stadt

Wir besteigen mit 120 Stufen die Burgruine, die aus dem 13. Jahrhundert stammt. Der Ausblick auf das Schwarze Meer und die Stadt ist phänomenal. Die türkische Sichel wird für ein Foto bestiegen. Nach zwei Stunden ist uns die schwülwarme Luft zu viel und wir kehren für ein Nickerchen ins Hotel zurück.

Allmählich stellt sich Heimweh bei mir ein. Es gibt noch andere Hobbys außer Motorradfahren. Brotbacken zum Beispiel. Bücher schreiben, Bilder malen, gärtnern. Wir sind jetzt viereinhalb Wochen unterwegs, Köfte, Kebab, Döner, Tomaten, Schafskäse in allen Variationen von länglich bis dreieckig, Weißbrot, Fladen. Abwechslung bieten diese eher untouristischen Gegenden nicht, weil die Restaurants fehlen. Es sind halt Dönerbuden.
Deutsche Brot-und Käsevielfalt würde hier für Verwunderung sorgen, denke ich. Und wie George die kalten, fettigen Fritten zum Frühstück vertilgt, verursacht bei mir nur Schütteln. Nach zwei Durchfallattacken bin ich geläutert.
Abends essen wir wieder in dem Fischrestaurant am Hafen. Der Besitzer erkennt uns sofort und fordert uns auf, unseren Fisch auszusuchen.

»Komm«, sagt er. Wir schmunzeln. George entscheidet sich für kleine frittierte Fische, die Sardinen ähnlichsehen.

Ich nehme den gleichen Fisch wie gestern.

»Bira?«

Er will schon den Kopf schütteln, schaut seinen Kollegen fragend an.

»Ist okay.«

Ich glaube, die bekommen das Bier aus ihrem Privatbestand. Während wir essen, kehrt er mit einer Bierflasche zurück, um die ein Lappen gewickelt ist.

Als wäre es ein spezieller Crémant, den er uns einschenkt. Vermutlich hat er keine Konzession für Alkohol.

Rührend!

Das Wetter hat sich nicht gebessert, es hängen noch immer dicke Wolken über den Bergen. Nur das Gewittergrollen hat aufgehört.

Die Küstenstraße entlang bis Samsun

Morgens scheint die Sonne, ein paar Wolken sind am Himmel, es ist schwül und drückend warm bei 21 Grad.

Wir fahren unspektakulär die Schnellstraße entlang, es fallen ein paar Tropfen, aber die sind kaum gefallen, schon verdunstet. Wieder mal Glück gehabt. Es bleibt den ganzen Tag so.

Unterwegs bei einer Stadtdurchfahrt sehen wir einen brennenden Pkw am Straßenrand. Die Flammen schlagen zwei Meter hoch aus dem Motorraum, auch der Innenraum brennt.

Hoffentlich ist der Fahrer heil da rausgekommen.

Bloß schnell vorbei. George behauptet, dass Autos nur in Filmen explodieren.

Samsun ist die größte Stadt am Schwarzen Meer und zieht sich endlos die Küste entlang. Die Strandpromenade ist breit, sehr gepflegt und hat sogar einen Fahrradweg.

Natürlich wieder eine chaotische Hotelsuche. Dafür entdeckt George einen Honda Laden und versucht sein Glück mit einer neuen Kettenspraydose. Das nächste Mal wird für jede Maschine eine Dose mitgenommen!

An Tankstellen bekommt man kein Kettenspray. Wahrscheinlich fetten die Türken die Mopedketten mit Motoröl.

Samsun hat zahlreiche Hotels. Als wir rechts abbiegen, sehen wir das Meer.

Das Vier-Sterne-Hotel hat keine Zimmer frei, gegenüber ist das »New Hotel«. Der Name wird ihm nicht gerecht, passender wäre »Old Hotel«. Reichlich Renovierungsstau.

Während George die Buchung klar macht, spricht mich auf der Terrasse des Vier-Sterne-Hotels eine Dame in Deutsch an. Sie bietet mir einen Kaffee oder Chai an, was ich dankend ablehne.

Wir kommen ins Gespräch. Sie spricht gutes Deutsch, hat in Hamburg studiert und verdingt sich als Sängerin.

»Was singst du denn?«

»99 Luftballons.« Wir lachen beide schallend.

»Wo kommt ihr her?«

»Frankfurt. Wir sind auf dem Rückweg einer Rundreise durch die Türkei. Alle sind sehr freundlich zu uns, sogar die Polizei bietet uns lieber Chai an, als die Führerscheine zu kontrollieren. Und bombardiert uns mit Fragen, wie es sich in Deutschland leben und arbeiten lässt, was man verdient usw.«

149

Und dann bestätigt sie meine Annahme, dass die Fragerei einer Information in Echtzeit dient. Der Presse hier wird nicht geglaubt. Dann kommt sie sogar auf Politik zu sprechen.

»Unser ›Meister‹ lügt uns nur an. Keiner will ihn, er muss weg. Wenn er nächstes Jahr wiedergewählt wird, gehe ich zurück nach Deutschland. Ich würde jetzt schon gehen, aber meine Mutter lebt in Istanbul und hat Krebs.«

Ich nicke verständnisvoll.

»Der Türkei geht es wirtschaftlich nicht gut, oder?«

»Nein, uns geht es schlecht, viele haben keine Arbeit, kein Einkommen. Erdogan redet schlecht über Europa, das ist nicht recht. Dabei will die Türkei doch in die EU!«

»Aber könnte es nicht schlechter kommen, wenn er nicht mehr gewählt wird?«

»Schlechter geht nicht mehr, es ist schon schlimm genug.« Sie klingt resigniert.

Als George zurückkommt, verabschieden wir uns herzlich. Mir geht dieses Gespräch noch lange im Kopf herum.

Dieses »Old« Hotel bietet uns ein Zimmer an, was bisher die schlechteste Ausstattung hat.

Winziges Zimmer, riechende Abflüsse, abblätternder Laminatboden, dafür etwas Meerblick, wenn man sich den Hals verrenkt. Neben uns ist ein Zimmer mit Balkon. Das wäre zumindest etwas besser. Also frage ich mit dem Türkisch-Dolmetscher auf dem Handy, ob sie eins frei haben. Und, ja – wir ziehen von der 4. in die 6. Etage um.
Nachdem wir Wasser durch Dusche und Waschbecken laufen lassen, hören die Gerüche auf.

Der Strand bietet haufenweise Algen. Mit Schwimmen ist nichts. Es sei denn, der Gürtel aus dem ekligen Grünzeug, den man zunächst durchqueren muss, macht einem nichts aus. Abends essen wir in einem Pub. Ja, richtig! Ein Pub! »Beer« und »Barbecue« steht über der Tür. Das bedeutet nicht, dass sie dort Englisch sprechen. Der Barkeeper wird zum Übersetzen geholt. Als Dinner bietet man uns Hamburger an. Auch gut, wenigstens kein Köfte. Die Soßen dazu stehen schon auf dem Tisch, als auffällt, dass es kein Brot mehr gibt. Bestellen wir halt Pizza. Und es gibt Efes vom Zapf! Also sehr modern, dieses Samsun.
Wenn man es nicht gesehen hat, verpasst man aber nichts.

Den nächsten Tag verbringen wir relaxed auf dem Zimmer, bis wir uns am Spätnachmittag zum Strand aufmachen.

Morgen geht es wieder landeinwärts in die Bergregionen.

Nach Kastamonu

Wir verlassen die Schwarzmeerküste, fahren eine Zeit lang an der Küstenstraße auf der D 010, dann biegen wir hinter Gerze auf die D 785 und vor Boyabat auf die D 030 ab. Die Route führt uns wieder in die begrünten Berge, leider wird es aber nicht kühler.

Es sind zwar nur 25 Grad, gefühlt durch die Luftfeuchtigkeit wie 35 Grad. Der Spritpreis ist inzwischen auf 1,80 Euro gestiegen.

Die Hotelsuche in Kastamonu ist ein Albtraum. Das Navi von George verfranzt sich in diesem Einbahnstraßengewirr, stellenweise sind wir beide Geisterfahrer, was die Türken gelassen hinnehmen. Das TomTom hat überhaupt kein Hotel im Angebot. Irgendwann stehen wir vor dem *Hisar-Otel*.

Es sieht von außen okay aus, das Zimmer ist winzig klein und kostet 15 Euro, dafür ist es ganz passabel. Mit George zusammen fühle ich mich in jeder Bude wohl.

Das muss doch Liebe sein, oder?

Mit dem Übersetzer im Handy bestellen wir noch Handtücher und Klopapier.

Die Hotelangestellten sind sehr freundlich.

Nachdem wir circa 30 Minuten auf dem Zimmer sind, kommt ein heftiger Wolkenbruch mit Gewitter herunter. Alles richtig gemacht.
Die Innenstadt ist mit einer winzigen Karawanserei und alter Steinbrücke doch interessant.

Und das Essen nehmen wir in einem familiengeführten Restaurant ein. Der Besitzer steht mit einem kleinen Pfännchen am Gasherd. Er zeigt uns stolz die Speisenauswahl, darunter vier verschiedene Suppen. Ich wähle eine Hühnercremesuppe. Einfach köstlich nach dem Köfte, Kebab und Döner.
Wir bleiben nur eine Nacht.

Safranbolu ohne Safran

Der Name ist ausnahmsweise kein Programm. Am nächsten Tag fahren wir nur 120 Kilometer. Wer jetzt glaubt, hier gibt es Safran preiswert zu kaufen, der irrt. Das war vor langer Zeit, als der Ort noch ein wichtiger Handelspunkt der Seidenstraße war.

Wegen ihres von Fachwerkhäusern bestimmten Stadtbildes steht Safranbolu seit 1994 in der Liste des Weltkulturerbes der UNESCO.

Laut Karte geht die Straße malerisch an der Küste lang bis kurz vor Bafra. Die Realität sieht anders aus: Die Straße verläuft ein Stück von der Küste entfernt und führt durch die für diese Gegend typischen Reis- und Tabakfelder.

Erst bei Alacam erreichen wir die hier schöne, steinige Küste. In weiten Kurven folgt die bestens ausgebaute Straße der Küstenlinie. Das Wetter passt, heiter bis wolkig und nicht zu warm.

Hinter Gerze verlassen wir die Küstenstraße und fahren auf der D 785 und D 030 durch eine grüne Mittelgebirgslandschaft bis Kastamonu. Diese Straßen sind meistens gut ausgebaut, in der Regel nur zweispurig. Dafür sind sie entsprechend kurviger und bieten uns somit einen höheren Spaßfaktor, zumal hier kaum Verkehr herrscht.

Das ändert sich in Kastamonu wieder.

Stadtverkehr, Hektik, Gedränge. Wir fahren die kleineren Straßen D 37-76 und D 78-02. Der Straßenbelag ist ein Flickenteppich und holprig, aber okay. Dafür entschädigt die grandiose grüne Berglandschaft.

In einem kleinen Ort pausieren wir vor einem Market. George läuft ein paar Schritte für Fotos, ich werde sofort vom Besitzer des Marktes angesprochen.

Spontane Männerbekanntschaften

Er stellt sich mit Namen vor (habe ich vergessen) und legt die rechte Hand an die Brust. Mühsam erfolgt die Konversation in Englisch-Türkisch.

Es kommen noch mehr Männer aus dem Laden, sie scharen sich um unsere Motorräder.

Und klar – es gibt Chai. George ist zurück und wird von einem Türken mit der Landkarte in Beschlag genommen. Er muss genau erklären, woher und wohin.

Zum Schluss gibt es ein Foto von deren Handy und von meinem. Wahre Männerfreundschaften entstehen auf der Straße und werden mit Chai begossen. Immer wieder toll!

Ab Mittag soll es regnen und George drängt zum Aufbruch. Wir kommen trocken in Safranbolu an, das Hotel finden wir relativ schnell, dieses Mal hat Georgs Navi das *Resort-Otel* sogar eingespeichert.

Der Ort ist reizvoll, enge gepflasterte Gassen mit vielen Marktständen, restaurierte Fachwerkhäuser. Die Stadt ist in drei Teile gegliedert, das alte Stadtzentrum Çarşi Bölgesi, das moderne Zentrum Kiranköy Bölgesi und die Oberstadt Baðlar, die einst als eine Art Sommerfrische diente.

Vor allem der untere und obere Teil besitzen zahlreiche traditionelle Häuser und haben daher als einer der wenigen Orte in der Türkei eine mittelalterlich anmutende Atmosphäre bewahrt.

Die Wohnhäuser sind meist dreigeschossig: Auf einem aus Steinen errichteten Erdgeschoss sitzen zwei weitere Stockwerke, die aus verputztem Fachwerk bestehen, das sich aus recht schmalen Fächern zusammensetzt.

Gasse in Safranbolu

Safranbolu wirkt wie ein Freilichtmuseum für traditionelle türkische, hier eher griechisch geprägte Baukunst.

Quelle: https://de.wikipedia.org/wiki/Safranbolu

**Moschee in Safranbolu. Links der Platz
für rituelle Waschungen.**

Nachmittags knallt wieder ein Gewitter runter, das in Dauerregen übergeht. Am nächsten Tag scheint die Sonne und es wird warm.

Es gibt hier Handwerksbetriebe, die Messer schmieden. George kauft für seine Enkel als Reiseandenken fünf Messer. In diesem Laden gibt es sogar Schusswaffen. Scheint normal zu sein.

Ich begnüge mich mit zwei T-Shirts. Meine Kleidung wird langsam einseitig und ich muss was entsorgen.

Wir laufen zwei Stunden durch die Stadt, dann wird es uns zu warm und wir flüchten ins Hotelzimmer.

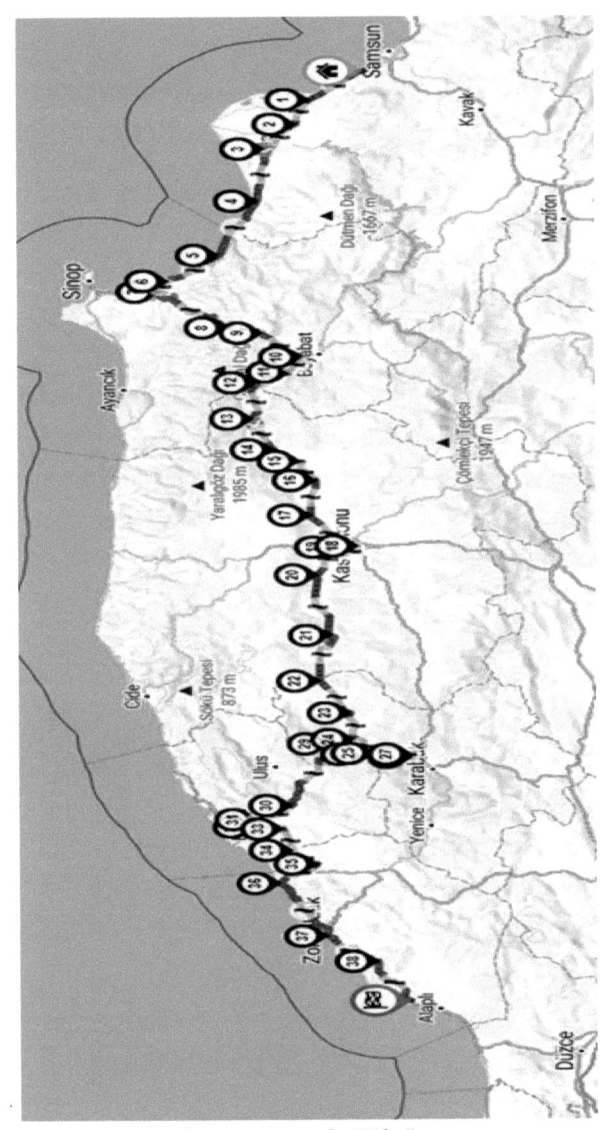

Samsun nach Gölcüc

161

Zurück zur Schwarzmeerküste nach Eregli

Der Regen hat die Temperaturen auf 19 Grad heruntergebracht. Wir fahren die D 755 Richtung Bartin. Sie führt uns auf kleinen kurvenreichen Straßen durch das Mamu-Dağı-Gebirge. Einfach nur klasse, das wird niemals langweilig.

Bis Bartin läuft alles gut durch waldiges Gebirge. Oft überspannen die grünen Äste die komplette Straße, sodass wir durch kühlen Halbschatten fahren. Eine Wohltat nach der Hitze der letzten Wochen.

Ein kleines Stück fahren wir auf der D 010, bevor es rechts ab Richtung Filyos und Schwarzmeerküste geht. Jetzt kommt ein richtig schönes Stück Straße. Hinter Filyos wird es noch besser. Eng und kurvenreich zieht sich das Sträßchen Richtung Zonguldak am Meer entlang und beschert uns fantastische Ausblicke.

Manchmal gibt es Tage, da läuft es nicht. Es ist schwieriger, die Konzentration fehlt, Müdigkeit macht sich kurz nach Mittag breit und die Gedanken rauschen ab. Ich muss mich sehr am Riemen reißen oder wo sonst immer, damit ich nicht abschlaffe.

Wir halten an einem Aussichtspunkt, der das Schwarze Meer mit Küstenfelsen zeigt. Während wir fotografieren, hält ein VW mit deutschem Kennzeichen aus Augsburg neben uns. Deutsche!

Blick auf den Strand.

Nein, Irrtum. Es ist ein türkisches Ehepaar aus Deutschland, das hier Urlaub macht. Und wie immer entwickelt sich ein lebhaftes Gespräch. Woher, wohin ist schnell geklärt.

Der Mann hat eine Ferienwohnung mit Blick auf die See in diesem Ort gekauft und will sie im Urlaub renovieren.

Er ist in Deutschland geboren und wird dortbleiben. Die Türkei ist für ihn, seine Ehefrau und die Kinder ein Urlaubsland.

»Die Inflation ist hier furchtbar. Ein Liter Milch kostet umgerechnet etwa 20 Euro, und das bei einem Verdienst von circa 200 Euro netto im Monat! Allein, wie sie sich den Spritpreis erlauben können, ist ein Rätsel.«

»In Deutschland ist auch alles teurer geworden, aber wir jammern immer auf hohem Niveau. Die Inflation und die Lieferengpässe durch den Ukrainekrieg machen sich zwar bemerkbar, aber längst nicht so gravierend wie in der Türkei. Wie kann man mit einer Familie überleben?«, frage ich ihn.

»Ich weiß nicht, wie sie es machen. Ich bin froh, in Deutschland zu arbeiten, und vermisse nichts.«

»Es ist wenig Tourismus hier, nicht wahr?«

»Es ist noch keine Saison. Aus Ankara kommen Türken, um hier Urlaub zu machen, wenn sie es sich erlauben können. Aber im Juli und August ist hier alles voll!«

Okay. Wir haben alles richtiggemacht.

An der Küstenstraße auf der D 67-01 reiht sich bis Zonguldak ein unattraktiver Ort an den nächsten.

Die Industrieanlagen erinnern an den Kohlenpott der 70er-Jahre.

Der Verkehr ist dicht und wird gekrönt von einem Tanklastwagen, der die Straßen mit Wasser besprüht und Matsche erzeugt. George ist schon dran vorbei, aber ich kann den Gegenverkehr nicht übersehen und bleibe hinter dem Ungetüm.

Die Autofahrer sind nicht sehr geduldig (sind sie im Prinzip nie) und hupen die ganze Zeit. Als ob das etwas nützen würde.

Meine linke Hand mit der Beanspruchung von schleifender Kupplung im ersten Gang fängt an zu kribbeln und will mir nicht mehr gehorchen. Ich fahre rechts ran und schüttele meinen linken Arm. Seit zwei Wochen befürchte ich, das Problem zu bekommen, was die rechte Hand schon operativ beseitigt bekam: ein Karpaltunnelsyndrom.

Hier wird der Nerv durch Verengung des Kanals am Handgelenk abgewürgt und macht sich mit Gefühlsstörungen bemerkbar. Das hat mir noch gefehlt! Nachdem der Tankwagen passiert ist, stauen sich auf der steilen Straße die Lkws.

Das Schlimmste ist, in einer Spitzkehre hinter diesen Ungetümen zu hängen. Dann ist auch das überwunden.

In Zonguldak verliere ich George und fahre meinem TomTom nach. Die D 010 nach Eregli ist wieder einfach zu fahren, kaum Verkehr. Irgendwann halte ich am Seitenstreifen und rufe George an. Er wartet auf mich noch immer in Zonguldak. Zum Glück funktioniert sein Telefon trotz Crash aus 1,50 Meter Höhe.

»Ich bin zehn Kilometer vor Eregli! Ich warte hier auf dich.«

Zum Glück gibt es einen kleinen Baumbestand mit Schatten abseits der Straße. Hier lege ich mich hin und relaxe.

Wir finden das Hotel »*Bürük Anadol*u« mit vier Sternen im Ortsteil Gölcüc schnell. Es hat den Besitzer gewechselt, im Navi stand ein anderer Name. Die Lage ist nicht so spannend: direkt an der Hauptstraße und neben einer Tankstelle. Aber es hat einen Swimmingpool und einen Hamam. Und ein ausgezeichnetes Restaurant mit Fischangebot. Hier übernachten viele Geschäftsleute, die ihren Anzug in einer Schutzhülle reintragen. Vom Balkon sieht man, wie der Fluss Aydiniar im Westen in das Schwarze Meer mündet.

Wir haben für eine Nacht gebucht, aber am nächsten Tag, am **15.06.22,** ist meine linke Hand geschwollen und ich merke meinen Rücken.

Also verlängern wir, so kann ich nicht fahren. George fährt alleine eine Runde.

Diese vielen Malaisen nerven mich ganz schön. Gut, dass wir keinen Zeitdruck haben. Oder bin ich schon zu alt für diese Touren?

Am nächsten Tag geht die Schwellung der linken Hand zurück. Der Rücken freute sich über die Pause. Von der vierspurigen Schnellstraße hören wir einen Höllenlärm, der selbst den Muezzin übertönt, nachts müssen wir das Fenster schließen. Ich schwimme ausgiebige Runden im Swimmingpool.

Nach Iznik am See

In Deutschland ist heute Fronleichnam. Für das kommende Wochenende sind Temperaturen bis 35 Grad in Frankfurt gemeldet. Da haben wir es hier deutlich besser.

Wir fahren die D 010 bis Karasu entlang. In weiten Schwüngen folgt die meist vierspurige Straße der Küste, die wirklich schön ist. Felsige Abschnitte wechseln mit gut besuchten Sandstränden.

In Karasu wechseln wir auf die D 650, die dem Fluss Sakarya bis zur gleichnamigen Stadt und darüber hinaus folgt.

Jetzt geht es durch eine hügelige, landwirtschaftlich genutzte Gegend. Getreidefelder, Baumplantagen mit Oliven- und Obstbäumen. Der Verkehr nimmt deutlich zu, der Einfluss von Istanbul macht sich bemerkbar.

Es wird erst ruhiger, als wir auf die D 150 nach Iznik abbiegen.

Iznik ist ein kleiner Ort am Ostufer des gleichnamigen Sees. Das »Eleia-Hotel« liegt außerhalb, ist in gutem Zustand mit einem Garten unter alten Olivenbäumen und stressfrei zu finden. Nach der verkehrsreichen Straße in Gölcüc eine wohltuende Stille auf dem Balkon.

https://www.otelz.com/hotel-detail/eleia-hotel-iz nik/

Bis zum See sind es fünf Fußminuten, bis zum Zentrum drei Kilometer. Die Motorräder dürfen im Innenhof parken.

Der Ort scheint wohlhabend zu sein, viele Neubauten, Olivenbaumhaine mit alten, gewundenen Stämmen, leider mit Plastikmüll übersät. Gepflegte Innenstadt mit Ausgrabungsstätten und einer Festungsruine. Der Hamam (türkische Sauna) ist historischen Datums, hat ordentlich Holz vor der Tür.

Historischer Hamam in Innenstadt

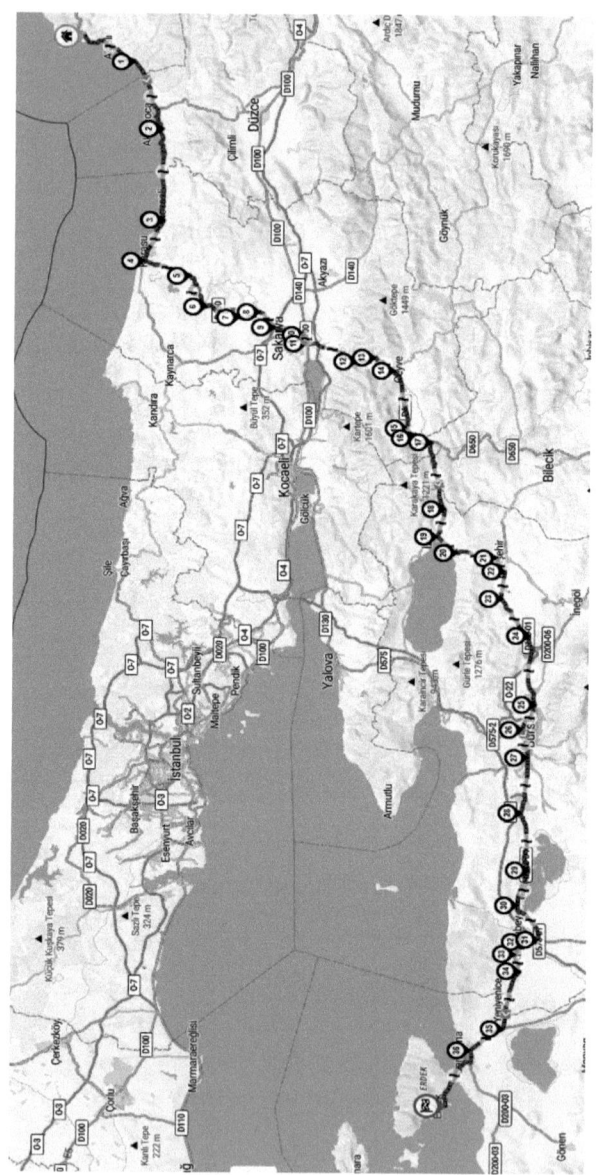

Zur Halbinsel Kapıdağ , Erdek

Erdek auf der Halbinsel Kapıdağ

Erdek liegt am Marmarameer, (türkisch: Marmara Denizi), ein Binnenmeer des Mittelmeers. Über Bosporus und Dardanellen verbindet es das Schwarze Meer mit der Ägäis. Salzarmes Wasser strömt an der Oberfläche aus dem Schwarzen Meer durch das Marmarameer in das Mittelmeer. Die verkehrsgünstige Lage begünstigte die Entstehung der Millionenmetropole Istanbul am Nordufer.

Das Marmarameer liegt zwischen Europa und Asien und hat eine europäische Nord- und eine asiatische Südküste. Es stellt somit einen Abschnitt der innereurasischen Grenze dar. Das Meer liegt auf der nordanatolischen Verwerfung und ist somit häufiger Schauplatz von Erdbeben und Tsunamis.

Der reiche Fischgrund, in dem insbesondere Sardellen gefangen werden, leidet unter dem industriellen Kerngebiet am Nordufer des Meeres ebenso wie unter dem exzessiven Schiffsverkehr, den die zentrale Lage des Meeres hervorruft. Ebenso trug die strategische Lage dazu bei, dass die Passage durch das Meer umkämpft war und ist, da das Meer gleichzeitig ein türkisches Binnenmeer ist, dessen Befahrung aber multilateralen Verträgen unterliegt.

171

Die Schleimplage im Marmarameer hat für irreversible Schäden gesorgt.

Durch die gräuliche Masse sind bereits 60 Prozent der Spezies verschwunden.

Quelle:

https://de.wikipedia.org/wiki/Marmarameer

Die Route von 200 Kilometern ist unspektakulär. Wir fahren die D 200 bis zur hässlichen Industriestadt Bandirma. Die Durchquerung von Bursa dauert 45 Minuten. Die Stadt ist riesig (über 3 Millionen Einwohner, viertgrößte Stadt der Türkei) mit entsprechend dichtem Verkehr, es läuft zum Glück überwiegend flüssig.

Nach Ankunft auf der Halbinsel werden wir für alles entschädigt. Buchten, Strände, ein paar Dörfer, dann kommen wir in Erdek an. Die Hotelsuche – na ja. Straßensperrung wegen Baustelle, ein Lkw und ein Pkw blockieren die Straße vor einem Kreisverkehr. Es ist natürlich die Straße, die zum ausgesuchten Hotel führt. Ich verliere die Geduld und parke die Maschine auf dem Seitenstreifen im Kreisverkehr. George marschiert für die Hotelsuche zu Fuß los. Natürlich bin ich für die neugierigen Augen der vor einem Market sitzenden Türken eine willkommene Abwechslung.

Ich versuche, das zu ignorieren. Ich hasse es, im Mittelpunkt des Interesses zu stehen.

Das Treiben im Kreisverkehr aus sicherer Position ist spannend. Ich bewundere die Rollerfahrer. Sie zirkeln sportlich um alle Hindernisse, auch um Kinderwagen.

George kommt erst nach einer halben Stunde zurück und hat das Hotel schon bezahlt.

»300 Meter, völlig easy zu fahren.«

Okay, ich steige wieder auf. Der Helm ist so warm wie eine Kuchenbackform. Selbst schuld, wenn ich ihn in der Sonne liegen lasse.

Easy, sagte George.

Nun, zunächst okay, aber dann fahren wir verkehrt in einen Kreisverkehr (hat George übersehen), ich drücke mich eng an die rechte Seite, und stelle mich auf den Parkplatz links.

Ganz easy, eine belebte Fußgängerzone mit geschobenen Obstkarren, Müttern mit Kinderwagen, älteren Herrschaften mit Rollatoren und Gehstützen. Da fährt George rein?!

Der Bordstein, der schon die gewohnten 20 Zentimeter hochragt, hat zwei Auffahrrampen, vor denen Betonpoller stehen. Echt, ganz easy.

Ich gehe zu Fuß.

So was mache ich nicht!

Obwohl das hier alle für normal halten. Jedenfalls, so lange nichts passiert. Am Hotel angekommen, habe ich mich wieder beruhigt. George holt meine Maschine, er kennt den Weg jetzt bestens. Motorradklamotten aus und unter die Dusche. Das Leben ist schön, alles ganz easy.

Am nächsten Tag ist Relaxen angesagt.

Strand in Erdek

In den 13 Jahren unserer Beziehung lagen wir noch nie gemeinsam an einem Sandstrand auf Sonnenliegen. Das wird heute nachgeholt. Das Wasser ist herrlich, erfrischend und von der Salzwürze her erträglich.

Das Marmarameer hat aufgrund der Süßwasser-Zuflüsse nur einen Salzgehalt von 15 %. Von Algen, Tang oder Schleim keine Spur. Es ist Wochenende und die Istanbuler reisen mit Rollkoffern mit der Fähre an. Die Stadt und der Strand füllen sich.

Abends essen wir auf einem Restaurant-Schiff, wo wir den Fisch auf Eis im Rohzustand auswählen. Und es gibt Bier. Hier hat uns der Westen wieder.

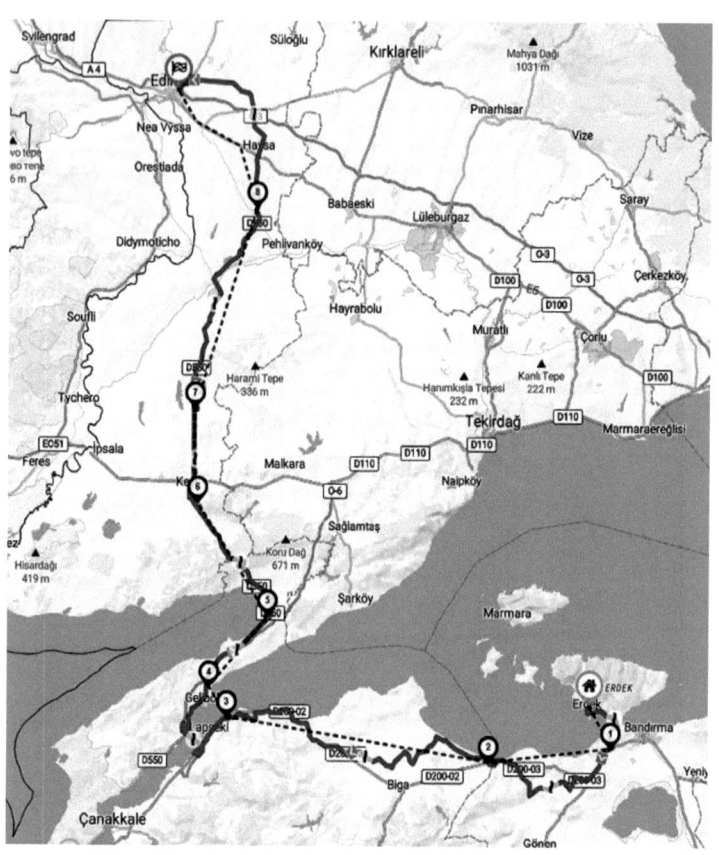

Zurück nach Edirne und zur Grenze Bulgarien

Zur Grenze nach Edirne

Am Sonntag, **19.06.2022,** heißt es Abschied nehmen von der Türkei. Tachostand der *Tiger*: 22.940 Kilometer, insgesamt bisher gefahren: 7.275 Kilometer.

Vor uns liegen unspektakuläre 320 Kilometer, um zur bulgarischen Grenze zu kommen. Die Brücke bei Gelibolu kennen wir ja schon. Nur das Ticketziehen funktioniert mal wieder nicht, trotz Drücken der Bon-Taste kommt kein Ticket. Dafür schreit eine Stimme aus dem Lautsprecher am Automaten. Natürlich auf Türkisch, ich verstehe kein Wort, drehe die Maschine und fahre die nächste Durchfahrt mit offenstehender Schranke an. Als George ankommt, ist sie wieder zu. Er dreht ein zweites Mal. Wider Erwarten bleibt sein Wutanfall aus. In Frankreich war er mal so weit, dass er die Schranke mit der KTM sprengen wollte. Mit dem Alter werden wir halt alle geduldiger. Aufregen ändert ja nichts.

Diese Probleme mit den Automaten wiederholen sich in jedem Land mit Autobahnmaut aufs Neue. Nun fahren wir ohne Ticket.

Bei der Abfahrt sind zum Glück bemannte Zahlstellen (ich halte nichts vom Gendern) und es ist überhaupt kein Problem, kein Ticket zu haben. George zahlt mit Karte, alles gut.

Der Wind bläst furchtbar. Meine Karre schwankt hin und her, meine Oberarme fühlen sich wie zwei riesige Knackwürste an. Na, das kann ja heiter werden! Der Wind lässt bis Edirne nicht nach.

Warum betreiben die Türken eigentlich keine Windkraftanlagen?

Über Edirne lässt sich nicht viel schreiben, es ist halt eine Grenzstadt. George hat ein Hotel am Stadtrand ausgesucht, was wir überraschend schnell finden. Es scheint neu zu sein, der Speisesaal wirkt wie eine Bahnhofshalle, ohne Dekoration, eingepackte Stühle am hinteren Ende, schmucklose Tische. Zu essen gibt es hier nichts, aber der Hotelmitarbeiter bestellt uns einen Lieferdienst mit ... natürlich Köfte. Und hier gibt es kein Bier. George macht sich auf die Suche, ohne Hoffnung auf ein Ergebnis. Aber nein, er findet einen Laden, der Alkohol verkauft. Den Kaffee zum Frühstück müssen wir extra bezahlen, die letzten Lira lassen wir als Trinkgeld für die Reinigungskräfte zurück. An diese Mitarbeiter-innen wird viel zu selten gedacht.

Montana in Bulgarien

Heute wird es langweilig ... *gähn.* Bulgarische Autobahn bis Sofia, 300 Kilometer. **Motorräder brauchen hier übrigens keine Vignette!**
Die Grenzformalitäten gestalten sich überraschend schnell und ohne langen Halt in der Sonne.
Die Sprühdesinfektion für die Fahrzeuge habe ich zu spät bemerkt, und ich habe die unangenehm riechende Flüssigkeit nicht nur auf dem Visier, sondern auch im Gesicht. Das kann ich nur als symbolische Handlung fürs Gewissen betrachten, eine Wirkung hat dieses Hygienegetue wegen Corona mit Sicherheit nicht.

50 Kilometer, nachdem wir die Autobahn verlassen haben, wird es richtig schön. Grüne, bewaldete Landschaften, eine kurvenreiche Strecke, die die Maschinen ununterbrochen schwingen lässt. Es ist kaum ein gerades Stück dabei. Angenehme 25 Grad, während ganz Deutschland über die Hitzewelle mit 40 Grad stöhnt. Montana liegt im Nordwesten von Bulgarien.
Die Stadt hat einen großen Park direkt am Fluss. Das Hotel ist schlicht.

Die Übernachtung kostet 50 Euro – in einem luxuriös großen Zimmer mit Kingsize-Bett und Kochnische. Frühstück gibt es hier nicht, die Küche ist noch geschlossen.

Wir haben keine Lew getauscht, und in den meisten Lokalen funktioniert keine Kartenzahlung. George sucht einen Geldautomaten. 1 Euro entspricht 2 Lew. Der Spritpreis liegt wie in der Türkei bei 1,80 Euro.

Eisernes Tor, Rumänien

Das Eiserne Tor (rumänisch Porţile de Fier; serbisch Ђердап, Đerdap) ist ein Durchbruchstal an der Donau. Es liegt in den südlichen Karpaten, genauer zwischen den Serbischen Karpaten und dem Banater Gebirge, an der Grenze von Serbien und Rumänien. Bis zu seiner Entschärfung 1972 im Zusammenhang mit dem Kraftwerk Eisernes Tor 1 galt es als der für die Schifffahrt gefährlichste Flussabschnitt der Donau, der nicht ohne ortskundige Lotsen passiert werden konnte. Jahrzehntelang wurden die Schiffe flussaufwärts mit Lokomotiven getreidelt.

Quelle Wikipedia:

https://de.wikipedia.org/wiki/Eisernes_Tor

Die serbische Grenze verläuft in der Mitte der Donau. Die Straße bis zum Grenzübergang ist trist und langweilig.

In 2012 waren wir in Rumänien auf einer Rundreise mit katastrophalen Straßenverhältnissen. Tiefe Schlaglöcher, aus denen nach Regenfällen die Kühe soffen. Lkw-Fahrer, die mit 100 km/h durch die Ortschaften bretterten und Menschenleben riskierten. Sie bremsten nicht, hupten und fuhren weiter!

Zahlreiche schwer beladene Pferdegespanne, Gänsescharen und Kühe belebten die Ortschaften.

Nun, das hat sich geändert. Rumänien hat aufgeholt. Zumindest im äußersten Westen. Die Lkws fahren gemäßigt, aber zahlreich. Nur selten sieht man ein Pferdegespann, mit Kühen muss man jedoch immer rechnen. Die Straßen sind sehr gut.

Was in EU-Ländern fast überall gleich ist: Die Freundlichkeit gegenüber Touristen könnte etwas mehr sein. Auch Corona hat daran nichts geändert.

Der Lkw-Stau an der bulgarischen Grenze ist circa 15 Kilometer lang! Wir fahren trotz Gegenverkehr daran vorbei, bis die Straße zweispurig wird. Die armen Fahrer! Warum sollte man denn Lkw-Fahrer werden, wenn es ihnen so schwergemacht wird? Müssen wir uns da über Lieferengpässe wundern? Und verdienen sie trotzdem Geld, auch wenn sie tagelang an den Grenzen stehen? Nein, tun sie nicht!

Die Ukraine exportiert ihr Wintergetreide derzeit massenweise über die Nachbarländer, weil ihre Schwarzmeer-Häfen wegen des Krieges abgeriegelt sind. Der kürzeste Transportweg ist hin und zurück über Rumänien.

Und das Verkehrsaufkommen wird weiterwachsen, wenn Rumänien demnächst seine eigene Ernte exportieren will.

Quelle: MDR Nachrichten

https://www.mdr.de/nachrichten/welt/osteuropa /land-leute/rumaenien-osteuropa-100.html

Die Fahrer haben sich darauf eingestellt, wir sehen Tische, Stühle und aufgebaute Grills.

Dass die Zöllner bei der Abfertigung nicht mehr geduldig sind, kann ich verstehen.

Unser Ziel ist der Ort Drobeta Turnu Severin.

Um es gleich vorwegzunehmen, diesen Ort sollte man meiden und besser 25 Kilometer weiter fahren, wo die abwechslungsreiche Schlucht beginnt. Das Eiserne Tor ist nicht so spannend, wie ich es mir vorgestellt hatte.

Am rechten Rand liegt die serbische Grenze bzw. in der Mitte des Damms. Auf beiden Seiten sind Wachtürme aufgestellt.

Die Stadt hat eine Burgruine und ein Museum zur Geschichte des Eisernen Tores.

Landschaftlich reizvoll ist der Ort Dubova, ab hier beginnt die Schlucht. Sehenswert: das in den Fels gemeißelte Profil des Daker-Königs Decebalus.

Donaudurchbruch

Diese ist die höchste Felsenskulptur in Rumänien. Es zeigt den letzten dakischen König, der als 40 Meter hohes Profil im Stein verewigt wurde. Die Skulptur wurde zwischen 1994 und 2004 von dem Künstler Florin Cotarcea geschaffen und von dem Geschäftsmann Iosif Constantin Dragan, einem Geschichtsliebhaber und Daker, finanziert.
Quelle:
https://www.itinari.com/de/decebalus-the-last-dacian-king-immortalized-on-the-danube-river-k9c9

**Profil des Daker-Königs Decebalus. Die Nase ist
7 Meter lang, jedes Auge 4 Meter breit.**

Hier könnt ihr euch einen Film auf Youtube zu der Figur sehen:
https://www.youtube.com/watch?v=d70ZpuCshUs

Abends essen wir frittiertes Fastfood auf einem Restaurantschiff. Das Beste ist der Blick auf die Donau und die frische Brise. Frischen Fisch gibt es nicht.

Am nächsten Tag fahren wir auf der *Tiger* gemeinsam, damit ich als Kamerafrau die Action-Cam übernehmen kann.

Tolle Gegend. Also, wer sich das ansehen will, soll unbedingt in die Donauschlucht fahren!

Wenn die Wettervorhersage stimmt, wird es morgen zur Abwechslung regnen.

Nach Makó – Ungarn

George hat nach dem Aufwachen das Wetter gecheckt. Es stimmt, es nieselt. Er muss die Gummipelle anziehen. In Ungarn sollen es dagegen 30 Grad und Sonnenschein werden.

Beim Losfahren ist noch alles okay. 340 Kilometer liegen vor uns, aber alles Schnellstraßen. Das Autobahnnetz in Rumänien ist dünn, nur fünf Prozent vom Straßennetz sind Autobahnen. Das bedeutet, dass der Schwerlastverkehr die Schnellstraßen nutzt. Und Lkws gibt es hier reichlich. Aber dann kommt es dicke. Nach einer Stunde Fahrtzeit stecken wir in einem Stau. Das kann doch nicht die Grenze sein? Die ist noch 200 Kilometer entfernt!

Wir ziehen am Anfang zügig vorbei, der Stau nimmt kein Ende. Schätzungsweise sind es 20 Kilometer. Baustelle? Unfall?

Mit dem Vorbeiziehen ist es vorbei, als die Straße kurvenreich bergauf geht. George ist verschwunden, und ich muss mich einreihen. Trotzdem sehe ich das Positive: Es regnet nicht mehr und die Sonne ist hinter Wolken verschwunden.

Irgendwann wird ein restlos demolierter BMW auf der Gegenseite transportiert. Also doch ein Unfall. Dann geht es einigermaßen flüssig weiter, von George keine Spur. Ich scanne die Tankstellen. Ich weiß, dass die *Norden* schon länger auf Reserve fährt. Endlich sehe ich ihn, mit dem letzten Tropfen Benzin angekommen und gerade vollgetankt. An der vorletzten Tankstelle funktionierte die Kartenzahlung nicht, deshalb wurde es eng.

»Du bist ja schnell da, ich hatte noch nicht mit dir gerechnet«, sagt er. Versteckte Komplimente sind die besten in einer langjährigen Beziehung.
An der Tankstelle steht ein Reisebus, der dem Stau kurzfristig entflohen ist. »Drogeva« steht auf dem Bus. Ob die Insassen dort heute überhaupt ankommen oder klimatisiert im Stau sitzen werden? Ein Autofahrer erzählt George, dass an der serbischen Grenze die Pkws zwei Tage Halt einplanen müssen. Die Idee, nicht den schnelleren Weg über Serbien zu nehmen, sondern ausschließlich
EU-Länder, scheint sich zu bewähren.
Die nächsten Kilometer fließt es zäh, aber immerhin bleiben wir in Fahrt.

Das ändert sich erst, als die Lkws zur Autobahn fahren. Puh – geschafft. Ich habe die Nase voll. Der ungarische Ort Makó liegt zehn Kilometer hinter der Grenze. Es dauert und dauert, bis die endlich in Sicht kommt. Die rumänische Seite ist unbesetzt.

Ups, das ging ja schnell. Doch dann kommt die eigentliche Kontrolle. Die Rumänen vorne, die Ungarn ein Häuschen weiter. EU-Grenzen sind doch was wert.

Die Hotelpreise passen sich allmählich an: Das Vier-Sterne-Hotel in Makó kostet 130 Euro die Nacht und ist zudem ausgebucht. George sucht zu Fuß ein preiswerteres. Nach einer halben Stunde haben wir es dann, unser Quartier für 50 Euro.

Am Balaton – Ungarns Plattensee

Ungarn ist bei der Durchfahrt landschaftlich reizlos, flach und trocken. Der Plattensee ist das Highlight und zieht Badegäste und Wassersportler an.

Der in Westungarn liegende Balaton (deutsch: Plattensee) ist der größte Binnensee und der bedeutendste Steppensee Mitteleuropas. Er ist 79 Kilometer lang und im Mittel 7,8 Kilometer breit. Die Fläche beträgt zurzeit (2018) 594 km² (14 km² mehr als die des Genfer Sees und 58 km² mehr als die des Bodensees).

Bei der Halbinsel Tihany ist der See nur 1,3 km breit. Westlich davon liegen zwei Drittel des Sees. Die durchschnittliche Tiefe beträgt 3,25 Meter, die maximale Tiefe 12,5 Meter. Diese geringe Tiefe erleichtert die Durchwärmung; im Sommer kann die Wassertemperatur 30° C übersteigen. Das Südufer des Sees ist flach, und das Nordufer wird von den Weinbergen am Tafelberg Badacsony und den Ausläufern des Bakony-Gebirges begleitet.

Quelle: https://de.wikipedia.org/wiki/Balaton

Unser Zielort für heute und morgen ist der Ort Siófok, quasi die »Hauptstadt« des Balatons. Er liegt am Südostufer des Sees.

Kilometerlange Strände, Cafés, Restaurants, Diskotheken, Kirmesgedöns und wummernde Bässe. Mir ist das zu viel Rummel. Der Jachthafen ist reizvoll, es werden Schifffahrten angeboten.

George geht wieder zu Fuß auf Hotelsuche und findet eine ansprechende Location, eine Villa mit großem Anwesen, die wegen Renovierung nur die Zimmer vermietet, das Restaurant ist geschlossen.

Das Zimmer ist riesig, der Balkon auch, und alles für 25 Euro pro Nacht!

Um das Frühstück müssen wir uns selbst kümmern. Zum See sind es 15 Fußminuten.

Ich freue mich auf zuhause, bin kurz vor einem Gepäcktaschenkoller.

Nachwort

Am **28.06.2022,** nach sieben Wochen und drei Tagen, trafen wir nachmittags in Hasselroth ein. Was uns unvergesslich bleiben wird, sind die vielen Begegnungen dieser Reise:

Kamil und Pakzine im Hotel Philosophia, die fast wie Freunde für uns waren.

In Ispir der »Küchenjunge« aus Afghanistan, der uns freudig begrüßte.

Ali, der Rentner, der jetzt wieder zu Hause in Bayburt lebt.

Die vielen Bauarbeiter, die uns völlig unbeeindruckt durch »ihre« Baustelle fahren ließen. Die Tankwarte, die immer freundlich und neugierig auf unsere Reise waren.

Die vielen Menschen – meist Männer – die uns geholfen, gefragt, Tee angeboten oder sonst wie unterstützt haben.

Die Weite, gerade im Landesinneren und im Osten. Oft erwähnt, aber wirklich beschreiben kann ich es nicht. Man muss selbst hinfahren.

Ich freue mich auf Kommentare zu meinem Reisebericht und hoffe, er hat euch Lesern gefallen und brauchbare Anregungen gegeben.

Die .gpx Dateien schicke ich auf Wunsch gerne zu, schreibt mir bitte eine E-Mail an:
marbiestoner58@gmail.com

Oder PN in Facebook:
https://www.facebook.com/marbiestoner

In diesem Sinne: die linke Hand zum Gruß und immer die richtige Schräglage!

Weitere Veröffentlichungen

2021 - Reisen ist dank Impfpass wieder möglich, trotz steigender Inzidenzen von Covid-19 im Herbst. Wie in 2020, nur interessiert es keinen mehr. Slowenien nutzten wir stets als Durchreiseland von unseren Balkan Touren Albanien, Bulgarien, Montenegro, Serbien und Kroatien. Dieses Mal gönnen wir uns dieses kleine Land als Schmankerl. Es lohnt sich!

Marbie Stoner

106° West - durch Colorado,
Utah, Arizona mit Motorrädern

Abenteuer garantiert

196

Geht das? In zwölf Tagen mit 3.530 gefahrenen Kilometern einige von Amerikas atemberaubenden Canyons sehen, einige für mich Wichtige, wie den Antelope Canyon im nördlichen Arizona, mit 700er, 800er BMW GS und Triumph Tiger XCx 800. Und zwar auf nicht auf Harleys, sondern abseits der normalen Pfade mit 70% Schotterstrecken auf Dirt Roads. Das verspricht der Veranstalter John Hax, Eigentümer von 106 Grad West Motocycle Adventure. Mit dabei: Bryn Davies als Redakteur von Adventure Bike Rider, dem britischen Magazin für Abenteuermotorradtouren. Und als zweiten Guide Benjamin York.

Unerwartete Schneeeinbrüche und Blizzards, Schlammpisten und Straßenüberflutungen ließen das Abenteuer spannender als erwartet werden und haben bei uns eine neue Sucht ausgelöst: USA und seine Canyons.

Wo ist das – Kirgistan?

Es liegt in Zentralasien an der chinesischen Grenze und ist umgeben von den anderen 'Stans': Usbekistan, Tadschikistan und Kasachstan. Die Silbe 'Stan' bedeutet 'Land'. Warum nach Kirgistan? Die Begegnung mit einer fremden Kultur und Übernachtungen in Jurten waren ein unvergessliches Erlebnis. Das Gebirgs- und Gletscherland bot uns atemberaubende Aussichten. Der höchste Berg ist der Dschengisch Tschokuso mit 7439 Metern. Der größte Walnusswald der Welt ist hier beheimatet und der Issyk Kul ist der größte Hochgebirgssee der Erde! Kirgisien ist ein Rohdiamant, dessen Schönheit sich erst auf den zweiten Blick offenbart und ein Land, das mit Reichtümern nicht gesegnet ist.

Es braucht den Tourismus, und die Kirgisen bewirken alles, dass ihre Gäste sicher atemberaubende, schroffe Landschaften und die freundlichen und zugewandten Menschen ließen die Reise auf Yamaha Xts 600 und dem Schweizer Anbieter „MuzToo"zu einem unvergesslichen Abenteuer abseits der gewohnten Touristenhochburgen in Europa werden, und entschädigten für staubige Schotterstrecken mit ihren Unwägbarkeiten.

Marble Stoner

Kirgistan mit dem Motorrad

Abenteuer mit MuzToo

199

Motorradfahren ist gefährlich. Das ist unbestreitbar, genauso wie Rauchen, Fallschirmspringen, Hornbach Projekte, im Extremfall sogar Hausarbeit. Im Laufe von zwanzig Jahren auf dem Motorrad haben sich diverse Erfahrungen auf meinem Erinnerungstacho angesammelt. Skurriles, Komisches, Tragisches und Entbehrliches.

In 2012 begeisterte uns Rumänien durch die Freundlichkeit, die Aufbruchsstimmung im Land und die Fähigkeit der Rumänen, trotz des schweren Alltags mit einem Lächeln in die Welt zu sehen. Besonders beeindruckend: die LKW-Fahrer. Die bremsen nicht, die hupen!

Unsere Balkansucht begann hier. Länder für Aktivurlauber und El Dorado an Kurven. Im Zeichen der Flüchtlingskrise. Bulgarien bietet Bilder voller Gegensätze: Pferdekarren im dichten Stadtverkehr, Rinder, Schafe am Straßenrand, Prini- und Rilagebirge und die sanften Hügel der Rhodopen im Süden.

Meine Kurzgeschichtensammlung über die Tragiken des Alltags, über die man lieber nicht spricht, aber gerne liest und sich freut, dass es einen nicht selbst getroffen hat.

Die Idee zu: „Assistentin des Sisyphus" wurde hier geboren. Stellen Sie sich vor, Ihr Ehemann öffnet Ihnen die Türe, hat ein Messer im Bauch und riecht nach E605.

«Das Abwasser läuft in die Wand!», sagt er.

Madeira ist nichts für Anfänger!

Stellenweise Gefälle bis zu 40 %, Kurven, Kurven und nochmals Kurven. Steile Auf- und Abfahrten auf engsten Straßen. Nur bei Amazon als eBook und Kindle unlimited.

Marokko muss man erlebt haben!

Reisebericht „Marokko mit dem Motorrad", auf eigene Faust in einer Kleingruppe. Etappen der Extreme: Berge, Pässe, Wüste und Küste in drei Wochen. Ohne Garmin und mit unzuverlässigen Landkarten.

Katharina, Einzelgängerin, 29 Jahre und Motorradfahrerin, ist Krankenschwester mit einer - sagen wir – speziellen Persönlichkeit in ungewöhnlicher seelischer Landschaft. In emotionaler Abhängigkeit steht sie unter dem Einfluss ihrer lesbischen Schwester Florentine, einer Staatsanwältin am Frankfurter Amtsgericht. Bei einer Tour in den Schweizer Bergen begegnet sie dem Mythos Sisyphus und lernt seine Deutung des Steineschiebens in einem Menschenleben kennen: Menschen dürfen durch die moderne Medizin nicht von ihrem Fels getrennt werden.

Fortan bestimmt der Mythos ihr Denken und Handeln mit dem Ziel, den Menschen durch aktive Sterbehilfe wieder zu ihrem Stein zu verhelfen. Plötzlich sterben Menschen in Katharinas Umfeld.

Und nach der Lektüre denken Sie über eine Patientenverfügung nach. Garantiert.

Abseits der üblichen Pfade über Militärstraßen und Schotterstrecken. Eine viertägige Tour mit dem Enduropark Hechlingen im September 2015. Nur als eBook bei Amazon.

Alle Bücher sind international online und im Buchhandel bestellbar.